教学学术：教师专业发展的新路径

姜永玲　赵宗金　主编 ■

中国海洋大学出版社
·青岛·

图书在版编目（CIP）数据

教学学术：教师专业发展的新路径/姜永玲，赵宗
金主编. -- 青岛：中国海洋大学出版社，2024.7.
ISBN 978-7-5670-3923-0

Ⅰ.G451.2

中国国家版本馆 CIP 数据核字第 20247FT623 号

JIAOXUE XUESHU: JIAOSHI ZHUANYE FAZHAN DE XIN LUJING

教学学术：教师专业发展的新路径

出版发行	中国海洋大学出版社		
社　　址	青岛市香港东路 23 号	邮政编码	266071
出 版 人	刘文菁		
网　　址	http://pub.ouc.edu.cn		
电子信箱	appletjp@163.com		
订购电话	0532-82032573（传真）		
责任编辑	滕俊平	电　　话	0532-85902342
装帧设计	青岛汇英栋梁文化传媒有限公司		
印　　制	北京虎彩文化传播有限公司		
版　　次	2024 年 7 月第 1 版		
印　　次	2024 年 7 月第 1 次印刷		
成品尺寸	170 mm × 230 mm		
印　　张	8.75		
字　　数	160 千		
印　　数	1—1000		
定　　价	49.00 元		

发现印装质量问题，请致电 18600843040，由印刷厂负责调换。

在教育教学的广阔天地中,教学学术以其鲜明的学术性、严谨的系统架构及可验证的实践价值,成为驱动教师专业成长不可或缺的引擎。它不仅是对传统教学实践的优化,更是对教学实践的深入反思和系统研究。在教学学术范式的指引下,教师历经发现问题、系统梳理文献、确定研究方法与策略、发表研究成果等流程,有效地探究教与学的内在规律,从而更深刻地理解教与学的过程和机制。

教师的专业成长是由浅入深、由表及里的过程。起初,教师或许沿用的是求学时期体验的教学模式;然而,在自我反思和教师发展资源的助力下,他们逐渐掌握能更有效传递知识、技能和价值观的教学模式。部分教师更进一步,在教学中融入研究和批判性思维,使教学具有一定的学术性。这些对教学实践进行系统研究、反思和理论构建的教师,不仅提升了个人教学实践的深度与广度,也为教与学的知识宝库增添了财富。

肇始于 20 世纪 90 年代的教学学术理念,在全球高等教育领域引发了长达数十年的教学质量提升运动。中国海洋大学是我国最早将教学学术作为教师发展工作重点的少数高校之一。中国海洋大学教学支持中心自 2007 年成立以来,秉持教学学术的核心理念,精心策划并成功举办了一系列旨在提升教学理念、创新教学方法与深化教学研究的主题活动,成为推动学校教学质量持续提升的重要力量。特别是近五年,中国海洋大学教学支持中心设立教学发展基金项目,并举办了数十场午餐会、工作坊,激发了教师的教研热情,促进了不同学科教师间的思想碰撞与深度合作,构建了充满活力的教学学术共同体,催生了一系列教学成果。学校将持续推进教学学术研究，致力于将这一先进理念根植于教学实践之中，并创造更多交流与分享的机会，推动教学学术在国内高校普及与发展。

在此，向投身于教学学术研究的教师表达深深的敬意和感谢。你们的工作证明了教学是一门科学，是值得投入时间和精力去反思、变革并验证的领域。你们的努力不仅提升了自身的教学实践与产出能力，更为中国海大的学子提供了更高质量的学习体验与成果。

本书是中国海洋大学教师教学学术研究成果的集中展示。它不仅是对过去工作的总结，更是对未来教学的启迪。我们坚信，通过共同努力，中国海洋大学的教学水平将不断提升，会培养出更多的优秀人才。

目 录
CONTENTS

教学学术理论篇

课堂教学设计篇

教学互动策略篇

学习过程研究篇

教学学术理论篇

以贯穿教学学术的教师专业发展体系
提升大学教学质量

姜永玲* 常 顺 ■

　　美国以学生为中心的教育理念产生于 20 世纪 80 年代,自此开启了基于研究、基于证据的教学变革,推动教学范式转型。1990 年,美国卡内基教学促进基金会主席博耶提出学术分为发现、整合、应用和教学四种相对独立但又交叉的形式,这是第一次将教学提升到学术层面。教学学术(Scholarship of Teaching and Learning, SoTL)的核心内涵是引导教师发现教学中的真实问题,对教学模式、策略及信息化工具等进行变革,以学术方法开展研究、发现教学规律,并以符合学术评价标准的方式发表和传播研究成果,构建教与学的学术知识体系,进而有效地促进教与学的实践,积累学科教学智慧。

　　教学学术使教学的学术性地位得以彰显,推动了教学评价标准改革,扩展和改变了大学教师职称类型和标准,为平衡大学教学和科研之间的关系提供了良方。

　　教师专业发展专业性较强且充满人文关怀。中国海洋大学教学支持中心(简称"教学支持中心")设计了"一条主线,三个阶段,四个层面"的教师专业发展体系(图 1),即以教学学术为主线,贯彻教学理念、教学实践与教学研究三大主题,面向教师职业发展的适应期、发展期及成熟期,通过教师、学院、学校及校际四个层面开展活动。该体系帮助教师明晰大学教育的使命,筑牢教学亦是学术的信念,发现大学教学的规律,以产生积极的教学认知与行为,提高教师的职业价值认同感,塑造重视学生学习与发展的校园文化。经过五

　　* 姜永玲,中国海洋大学基础教学中心教授、教学支持中心副主任,主要研究方向为计算机教育及教师发展。本文为山东省本科教学改革研究项目"循证理念视野下的高校教师教学学术能力发展研究"(M2020289)的结题成果。

年耕耘,中国海洋大学成为国内少数系统开展教学学术工作、推动教师开展循证教学与研究的高校之一。

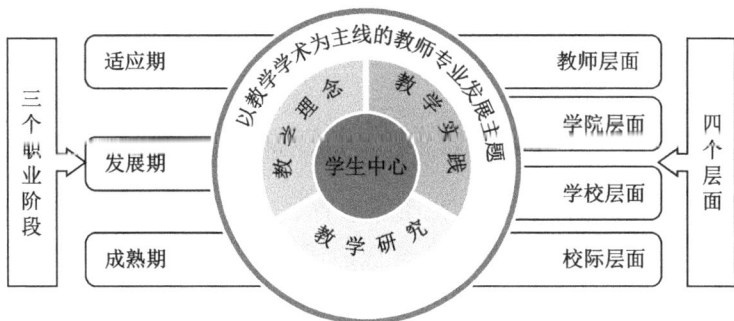

图 1 "一条主线,三个阶段,四个层面"的教师专业发展体系

一、以教学学术为主线,贯穿教学理念、教学实践与教学研究主题活动

教学支持中心以教学学术为抓手,倡导教学亦是学术,教学研究亦为学术研究;大学教师不仅是学科研究者,也是教学研究者,应重视学生学习的过程,寻找有效的学科教学方法,提高知识传播的效率与效果,开展启发式、探讨式、参与式、创新性、互动性的教学实践;构建大学教学知识体系,以实现学生学习效果的最大化。只有教学学术理念深入人心、教学地位被认可,切实增强教师的职业认同感和获得感,教师所肩负的教育责任才有可能避免被边缘化,学生中心才可能得以落实,从而保障人才培养质量与育人水平。

1. 树立以学生为中心的教育理念

教学支持中心邀请深耕本科教学改革的赵炬明教授做了多场主题报告,之后在学校及学院层面开展了 24 场以学生为中心的理念与实践工作坊活动。这些活动普及了科学知识,阐述了新三中心(以学生发展、学习及学习效果为中心)的要点,从理论、理念及实践层面指明这场范式变革应该遵循的原则和方向。① 由此,中国海洋大学在国内较早地、系统地、高频地开展该类主题活

---

① 赵炬明. 论新三中心:概念与历史——美国 SC 本科教学改革研究之一 [J]. 高等工程教育研究,2016,158(3):89-98.

动,帮助教师深刻认识学生中心的意义,优化学生的学习成果,改善学生的学习体验。此外,教学支持中心联合教学促进专家翻译了两部以学生中心为主题的图书:《设计与实施以学习者为中心的课程体系》《学习范式学院》,以期推动国内大学以学生为中心的范式转型。

2. 普及基于研究的教学实践

基于研究的教学实践是指强调教学实践活动中,教师在理性教育科学知识指导下做出科学的教学决定,从而使教育决策建立在广泛、稳定、系统化的实践和理论基础上。教学支持中心开展的该类活动向美国大学教师发展工作看齐,自行开发或邀请专家开展了课程与教学设计、教学模式、教学策略、信息化工具等,以工作坊方式支持教师深度体验、反思并优化教学设计,引导学生在学习全过程中投入、互动,持续产出学习成果,通过信息化工具、教师及同伴的反馈查缺补漏并修正认知。在如上活动中,信息化教学工具、BOPPPS教学设计两个主题尤其受教师欢迎,有效助力学校的国家级及省级一流课程申请、各级教学比赛及课程教学评估等。

3. 以学术标准开展教学研究

教学支持中心通过该类活动构建以研究为本的教师教学发展文化,培养具有批判思维和研究能力的教师,指导其以教与学为研究对象,以学术方法研究教学问题,发现教学规律,并以公认的学术评价标准传播研究成果,构建共同的教与学学术知识体系,积累学科教学智慧,进而有效促进教与学的实践。

2017—2022年,教学支持中心倡导设立了教师教学发展基金,支持91个团队的教学学术研究项目并提供伴随式指导,通过50余场主题报告、多次辅导答疑、形成跨学科研究共同体、优秀成果分享等整体项目设计,逐步引导教师树立循证教学理念,发现课堂内外的真实问题,阅读学科领域的文献资料,应用新教学理念、方法,信息化工具等积极变革,研究教学与学生,以符合学术规范的研究方法验证变革效果,以期发现学习得以改善的证据。项目团队强化了教学亦学术的观点,基本掌握了教学研究的实证研究方法,勤于反思,乐于研究,共产出80余篇文章、报告。教学支持中心以项目为牵引,通过丰富的主题讲座、答疑及优秀校本项目研究分享,引导教师超越经验主义的藩篱,掌握基本的实证教学研究方法,为推动教学学术在国内大学落地、提高教学学术价值做出了贡献。

二、教师专业发展的三个阶段

教学支持中心针对教师职业生涯的适应期、发展期及成熟期这三个阶段进行了活动设计。

1. 适应期

每年暑季,教学支持中心会开设新入职教师专题培训,助力新教师站上讲台,通过研讨大学教育的责任与使命、学习学生中心理念、探究教学策略等系列活动以及优秀教学示范、微格教学模块展示,帮助新入职教师明晰肩负的责任,培养对学校教学文化的认同和职业素养,培育基本的教学素质与能力,为其打造良好的职业生涯开端。目前,教学支持中心已梳理形成 5 万余字的资料,以供新入职教师自主学习。

2. 发展期

教学支持中心助力处于专业发展早期、中期的教师"站稳"讲台,通过教学理念与模式、教学技能、信息技术、教学学术研究等主题活动和国外大学研修等方式,帮助其精进教学技能,成长为理念先进、能力出色的优秀教师,在系部、学院层面成为专家型教师,能够为专业认证、一流专业及课程申请等贡献教学智慧。

3. 成熟期

教学支持中心鼓励拥有丰富教学实践与研究经验的优秀教师开发主题活动,并通过具有高等教育学科背景、教学优秀教师等的示范引领,赋能中青年教师的专业发展;推动形成跨学科教学学术共同体,探究学科教学的智慧与规律。

三、教师专业发展的四个层面

1. 教师层面

教学支持中心鼓励教师自愿申请教学咨询服务,通过观摩课堂、学生调查及"一对一"交流等方式,发现问题并找出有效改进教学的方案。

2. 学院层面

教学支持中心的成功运行离不开各学院教师的信任与配合,同时各学院教师教学水平的提升也受益于教学支持中心的帮助与支持,两者形成相辅相成的合作关系,共同致力于学校教学水平的整体提升,保障学生的学业成功。

近五年,为了更好地普及教师专业发展活动,解决学院教师发展专业性不足及资源不足等难题,教学支持中心到学院开设数十场教师专业发展活动,并积极参与学院的各类教学比赛、公开课、国家级虚拟教研室建设、基层教学组织建设等活动,把优质培训资源定点推送给学院,带动教师深度思考,支持其成为出色的教学实践者与教学研究者。

3. 学校层面

教学支持中心面向全校推行教师专业发展活动,涉及面广,参与人员多。这些活动为大学教师提升专业水平提供了多种渠道、多样化的活动形式和项目,为教师自愿、自主学习成长提供了良好的环境和空间,带动教师反思并更新教学理念与实践,并助力教师发表被 CSSCI 等收录的高水平论文、申请教学成果奖等。

4. 校际层面

教学支持中心在教学学术主题活动方面积累了丰富经验,自 2020 年起联合青岛大学、青岛科技大学、海军潜艇学院三所驻青高校,联合开展教学学术主题活动,引导教师建立循证教学的理念,开展教学学术研究。四校共联合举办十余场线上活动,吸引了国内高校 4 500 余人次参加,为推动教学学术发展做出了贡献。同时,教学支持中心在国内外教师专业发展组织中保持一定的活跃度,参与国内教学学术共同体的构建与发展,分享学校教师专业发展经验,积极推动循证教学及研究。

综上,教学支持中心通过全力支持学校教师的专业发展,提升其教育教学理念与实践水平,促进学生更好地学习,让学生真切感受到教师的投入;支持教师科学地开展教学研究,形成教与学交互促进、互相融合的良性互动;通过多元主题活动联合不同学科热爱教学的教师,彼此激励,共同成长;在学校层面形成卓越教学文化,增强广大教师的职业认同感,提升教师专业发展的内生动力,致力于实现服务立德树人的根本目标。

教学学术实践的理念逻辑与实现路径

赵宗金* 姜永玲

21 世纪初,我国教学学术研究与实践呈现出新的发展势态,主要表现为三个方面:一是理论研究日渐深入;二是教育实践全面开展;三是教学学术研究资源日益丰富。当前,教学学术已经成为一项全面提高大学教学质量、深化大学教学改革的关键性和根本性课题。

一、教学学术实践的四大理念

对教学学术的理解,应当纳入学术研究、有效教学、教学研究、教育管理与评价的范畴。教学学术是科学研究的重要组成部分(学术研究范畴),是科学研究者的本职工作(有效教学范畴),是教师从自发到自觉的教学反思过程,是教师从个体自觉到教育组织自觉转变的过程(教学研究范畴),是教师教学学术研究、教学过程分类管理评价的过程(教育管理范畴),是教学评价的依据和教师评价的内容(教育评价范畴)。

(一)作为学术研究的教学学术

大学教师的学术水平主要表现在两个方面:一是从事学科教学工作的研究、综合和应用的能力,称为教学的学术水平;二是从事学科研究、综合、应用的能力,称为学科的学术水平。大学教师的学术水平应当而且必须包含这两个方面的内容,这也是评价大学教师与专职科研工作者的最大不同之处。[1] 其

---

* 赵宗金,中国海洋大学国际事务与公共管理学院副教授,主要研究方向为教育政策、社会心理与海洋社会。本文为中国海洋大学教师教学发展基金项目"基于学科的教学学术共同体建设研究"(2021JXJJ15)的结题成果。

[1] 俞信,于倩. 着力提高大学教师的教学学术水平 [J]. 中国高等教育,2000(Z1):25-27.

需要建立有效的学术研究机制，明确教学学术的地位和价值。

（二）作为教学能力的教学学术

教学学术是高校教师专业化发展的应有内涵。教学学术作为教师教学能力的构成部分，至少体现在四个方面：第一，专业知识与技能，这是确保教学的科学性和规范性的基础。第二，教学学术交流与协作能力，这是教师群体专业化发展的有效保障。第三，教学创新意识和能力。教学学术本身需要突破传统知识传授的固化思维。第四，教学理论反思和批判能力。教师不断对自己的教育理论进行反思和改进，通过对教学效果进行分析和研究，逐渐形成一整套有利于提升教学质量的教学理论、教学方法和教学程序并应用于教学实践。[①] 这是教学学术能力的集中体现。

（三）作为管理制度的教学学术

忽视教学学术的学术评价制度，在学术职务的评审和晋升、学术奖励、学术资源分配等各领域大行其道且根深蒂固。高校在制度设计上，需要进一步确立教学学术的培育制度、繁衍制度和价值认可制度；[②] 需要完善教师教学的评价制度与教学质量保障制度，构建新的教师奖惩和晋升制度，落实教师的专业发展制度[③]。

（四）建立作为发展主体的组织机构

深化教育教学改革，建立教学学术中心（目前多为教学发展／支持中心），是一项提升大学教师教学学术能力、提高大学教学质量的重要措施。不断完善教学学术中心的运行机制，建立与教学学术运作模式的联系，营造教学学术氛围，培养教师的教学学术意识，激励教师践行教学学术，是提高教学质量的新起点。[④]

---

① 刘桂莲. 教学学术：高校教师专业化的重要视角 [J]. 教育研究与实验，2009（4）：41-43.
② 陈伟，易芬云. 从遮蔽到去蔽：教学学术发展的制度分析 [J]. 高教探索，2010（4）：73-77.
③ 吕林海. 大学教学学术的机制及其教师发展意蕴 [J]. 高等教育研究，2009，30（8）：83-88.
④ 戴丽娟. 教师教学发展中心：促进教学学术能力发展的运行机制 [J]. 煤炭高等教育，2013，31（6）：56-59.

二、教学学术研究模型

当前我国大学正处于向以学生发展为中心的范式转型阶段，教学学术能力是大学教师学术能力的重要组成部分，已经获得了广泛共识。从国际角度看，教学学术研究的模型也先后经历了教师多维教学学术模型、学科教学学术推进项目模型和校园教学学术推进模型。

教师多维教学学术模型。其理论前身是多维学术观（包括探究的学术、整合的学术、应用的学术、教学的学术），最早由博耶在 1990 年提出，后由舒尔曼等人加以发展。其中教学的学术得到了普遍重视，如特里格韦尔等通过对澳大利亚 12 名大学教师的质性研究，构建起了教师多维教学学术模型，从知识维度、反思维度、交流维度、观念维度四个方面考察教师的教学学术水平。目前，多维教学学术活动在北美、英国、澳大利亚等地得到进一步普及和推广，并逐步扩展到全世界，极大地推动了大学的教育教学改革。

学科教学学术推进项目模型。麦金尼研究了不同学科背景下的教学学术现状以及跨学科、多学科背景下的教学学术，并对院校如何发展教学学术提出了相应的模式和支撑策略。英国在 20 世纪 90 年代开展了一项全国范围内的大学教师发展与认证运动，同时在学科领域内关注教师的教学学术发展。澳大利亚也在 1999 年发起了全国性的教学学术项目。

校园教学学术推进模型。在实践层面，20 世纪 90 年代以来，美国卡内基基金会与美国高等教育研究协会合作开展"校园计划"，98 所高校参与其中，在 12 个不同主题的小组内探讨如何发展教学学术并为其提供制度性支持。近十年，教学学术在我国香港地区高校以及华中科技大学、复旦大学、北京理工大学、中国海洋大学等内地高校的教学发展和教学改革实践中得到极大的推动。

三、教学学术实践的现实困境

目前，在院校层面推进教学学术实践仍然存在一定的困难。主要表现在以下四个方面。

第一，教学学术内涵不断变化。自博耶提出教学学术以来，因教学理论范式转变的影响，教学学术的基本理念经由 SOT（教学学术）转变为 SoTL（教与学学术）。同时，由于教育新技术的广泛应用，教学学术又有了丰富的新技术内涵。教学学术理论内涵的不断变化，教学学术活动的内涵、外延存在多种理解。

第二，传统学术观和教学观的持续影响。当前，大学教师"科研至上"行为的制度逻辑盛行[1]，"教学差点不要紧、专业强就行"在教师群体的潜意识中盛行，严重损害大学教学，导致大学教学实践效果不佳，不能达到普遍认同的学术标准[2]。教学与科研分裂，既是长期教育体制尤其是教育评价体制的结果，也深刻地反映了当前传统学术观念仍然根深蒂固，大部分教师仍然认为科学研究才是真正的学术。同样，传统的教学观也持续产生影响。教学反思、教学研究乃至教学分享，被认为是纯粹学术之外的事情。

第三，教学学术评价激励机制的相对落后。现有的学术评价制度缺乏对教师的教学学术努力方面的有效和充分肯定。总体上看，教师在教学学术方面的努力在聘用、晋升和价值评判时总是不被奖赏。[3]

第四，教学学术实践体制、机制的系统壁垒。在实践层面建设教学学术制度、引导和开展教学学术评价和推进教学学术活动，需要院校整体推进，对教育理念、管理制度和实践工作进行系统性改革，但改革面临很大的阻力。

四、教学学术实践的院校路径

笔者尝试从教学学术理念认知、教学学术技术方法、教学学术项目设计和教学学术课程实践四个角度，引导和组建由学科专家、课程教师、教学支持和课程学生构成的教学学术共同体；从教学互动过程、教学技术手段、学习方式方法和学习收获评价等维度，建构以学生和学习为中心的教学学术共同体，以期探索学院和学科基础上的教学学术理念与方法的推进路径。

在宏观层面，可以通过政策创新与支持、教育与教学评价方法改革鼓励学院、教师开展教学学术实践。在中观层面，可以从以下方面开展教学学术实践创新。

---

① 宋文红. 教师发展的新路径：以学习者为中心的高校教学评估范式 [J]. 中国大学教学，2013（10）：62-64.
② 冯军. 论大学教学学术的培育 [J]. 教育发展研究，2010，30（7）：34-38.
③ 宋燕."教学学术"国外研究述评 [J]. 江苏高教，2010（2）：67-70.

第一,教学学术研究调研动员。在学院和学科层面,通过学院座谈和访谈,围绕学科教学分析相关教师开展教学学术研究的基础与研究意向。

第二,教师教学学术能力赋能。通过会议研讨、组织动员和个别访谈等方式,在学院和学科层面遴选、培育教学学术研究人员,提高其教学学术研究参与意愿,培育孵化教学学术研究团队。

第三,教学学术技术提升。例如,参与教学学术研究设计;通过定期召开教学研究专题讨论、教学学术选题研讨、研究进展交流会等形式,提高教师的教学学术项目设计水平,参与课题论证;过程介入,开展过程辅导(概念操作、理论引入、数据分析等),提高学院整体教学学术研究水平。

第四,孵化院级教学学术课题。培育达到立项水平的教学学术研究课题,为校级教学发展基金储备课题,为省级以上教育教学改革立项打好基础;切实提高学院教师的教学学术研究意识与能力;鼓励以学科为基础的教学学术研究。

此外,推动院校教学学术实践,在微观层面上还要注重教师的教学学术观念更新以及教学学术技能养成,推动课堂教学研究转型,同时注重学生学习观念的转变。

博耶报告 30 年

——教学学术（SoTL）研究综述

齐恬雨* 姜永玲▣

教学学术（Scholarship of Teaching and Learning, SoTL）对于中国来说，既是"舶来品"，也是"新焦点"。自 1990 年美国学者博耶发表的《学术反思》将"教学学术"作为一个概念提出以来，已经有 30 多年的研究历史。1994 年，国家教育发展研究中心编译的《发达国家教育改革的动向和趋势》收录了博耶关于教学学术的报告，但当时在国内未引起广泛关注。随着我国高等教育从大众化向普及化阶段过渡，全面提升高等教育质量在新背景下有着举足轻重的意义。教育部高等学校教学指导委员会于 2018 年 11 月成立，主要开展大学本科教学的研究、咨询、指导、评估等工作。此后，教学重新成为大学教育的关键问题，教学学术也在国内逐渐得到重视。

一、教学学术的发展进程

关于教学学术的发展进程，美国学者高隆、舒瓦[1] 以及中国学者何晓雷[2]等对其进行了梳理和阶段的划分。追溯教学学术的思想起源，在古希腊时期早已有之。教学学术于 1990 年由美国学者博耶正式提出，这是现代大学教学学术的研究起点。1990—1998 年，博耶、赖斯、舒尔曼等学者对其进行了初步的理论研究。1998 年，卡内基教学学术学会在美国开展了一系列教学学术项

---

* 齐恬雨，中国海洋大学食品学院本科教学秘书，主要研究方向为高等教育学。本文为中国海洋大学教师教学发展基金项目"混合教学模式中教学互动工具有效性的研究——以雨课堂的应用为例"（2017JXJJ06）的结题成果。

[1] Gurung R, Schwartz B. Riding the Third Wave of SoTL[J]. International Journal for the Scholarship of Teaching and Learning, 2010, 4(2):1-6.

[2] 何晓雷. 美国大学教学学术研究 [M]. 北京：中国社会科学出版社，2016：74-134.

目,标志着教学学术实践活动的全面开展。同时,教学学术理论研究也扩展至模型构建、制度内涵、评价标准等方面。

(一)思想土壤的孕育(1990年之前)

每种思想的产生都不是偶然的,也不是一蹴而就的。它们往往是时代的产物,也是吸纳了前人思想理念的精髓逐渐发展而形成的。

1.古希腊的教学思想

古希腊的教学思想为"教学学术"这一现代概念的产生和发展奠定了重要基础。现代教学学术理念中的"非填鸭式"教学、引导学生进行自主探究式学习的理念就是由古希腊"三贤"最早提出的。无论是苏格拉底的"产婆术"倡导教师对学生进行"引导式"而非"灌输式"教学,还是柏拉图在此基础上引导学生运用逻辑推理、分析问题等方法来解决问题,抑或是亚里士多德将教学视为理解的最高境界[①],都将教学思想建立在人类自我发展和教育发展规律的基础上,这些构成了最古老的教学学术思想渊源。现代教学学术的很多核心理念由此而来,这些古老而永恒的思想是教学学术最牢固、最本质的根基。

2.将课堂教学作为研究和反思的对象

如果说古希腊学者重点探究了"如何教育学生""教学的本质和方式"等问题,那么自课堂教学出现之后,便有了更新、更具体的研究问题:"课堂教学的要素有哪些""教师应如何研究课堂教育"……教学思想和理念也有了进一步的丰富和拓展。王晓瑜在有关教学学术思想渊源的研究中指出,杜威的反思性思维理论和卡洛斯的课堂研究理念是教学学术思想的重要源泉。[②]20世纪70年代,美国课程论专家施瓦布提出了教师参与课程研究的重要性。[③]卡洛斯教授则提出了课堂研究的新方法:应在课堂中持续地、积累性地探究教与学的问题。

---

① Boyer E L. Scholarship Reconsidered: Priorities of the Professoriate[M]. San Francisco: Jossey-Bass, 1990:23.

② 王晓瑜. 极端中创造平衡 构建新型学术范式——论大学教学学术思想的发展轨迹[J]. 现代教育科学(高教研究),2010(2):109-112.

③ 吴刚平. 校本课程开发的思想基础——施瓦布与斯腾豪斯"实践课程模式"思想探析[J]. 外国教育研究,2000(6):7-11.

3. 突破传统教学二分法

在传统教育教学思想中,教与学是相互独立的,教学研究也往往是教师站在教师的视角来探究教学问题,而忽视了以学生视角来审视教学与知识的关系。派瑞、卡茨等研究者认为教与学应处于同一层次[1],知识的流动不是由教师向学生单向的,而是交互的。在这个过程中,知识不仅被传递,还被凝练、完善与升华。舒尔曼在1987年重新界定了教学与知识之间的关系:教学是一种动态的过程,应超越概念与过程、理论与实践、教师与学生二元对立的传统理念。[2]

（二）理论研究的前奏（1990—1998年）

人才培养、科学研究、社会服务是现代大学的三大职能,它们之间的关系是需要被平衡的。在工业革命浪潮席卷以及"二战"结束后,科学研究作为与社会生产力直接挂钩的一大职能越来越受到高校的重视。博耶对此提出了具有转折意义的观点:属于大学本科教学的时代即将来临。他创造性地将学术划分为四种形式:发现、整合、应用和教学,不仅丰富了学术的内涵和形式,而且将这四种形式有机结合成一个整体。教学作为一种独立的学术形式,是可被研究、反思、交流和应用的。虽然博耶对教学学术并没有做出明确定义,只是描述性、解释性地提出了概念,但引发了政府和高校的高度关注与深刻反思,并逐渐在美国掀起一场全国性的学术运动,在世界范围内也产生了广泛而深远的影响。

1990—1998年,有不少学者对教学学术进行了理论研究,主要围绕三个问题展开:教学学术的构成、教学学术的科学性和合理性、如何评价教学学术。博耶的同事赖斯从内容构成和可行性分析两个层面补充完善了博耶的教学学术理论[3];罗姆斯登将教学学术内容分解为几个方面:课程目标、传授课程目

① Rice R E. Beyond Scholarship Reconsidered: Toward an Enlarged Vision of the Scholarly Work of Faculty Members[J]. New Directions for Teaching and Learning, 2002(90): 7-17.

② Shulman L S. Knowledge and Teaching: Foundations of the New Reform[J]. Harvard Educational Review, 1987(36): 1-22.

③ Rice R E. The New American Scholar: Scholarship and the Purposes of the University[J]. Metropolitan Universities: An International Forum, 1991, 1(4): 7-18.

标所要求的知识的方法、对学生的评价和对教师教学的有效性评估,并提出了"有效教学"的六大原则;斯科将行动研究的元素融入教学学术的研究中。特别值得注意的是,以上研究范式都是以"教"为中心的,而巴尔和泰格的《从教到学——本科生教育的一种新范式》[①]使得"学"进入了研究新视域。基于这种新的范式,舒尔曼提出教学学术也应该是关于"学"的学术,并澄清和拓展了教学学术的内涵,对教学学术和优秀教学进行了区分。格拉基克等初步解决了教学学术的评价标准问题[②],为教学学术理论的进一步发展奠定了基础。

(三)实践与理论的全面深入(1998年至今)

教学学术经过初期的理论研究发展后,在1998年正式进入实践阶段。卡内基教学学术学会和美国高等教育研究协会等机构联手,推动了卡内基学者项目、教学学术专业与学术协会项目等项目平台建设。随着教学学术影响力的提升,其实践从非政府教学学术组织到院校,再渗透到教师个人层面。1999年,卡内基教学学术学会的帕特·赫钦斯和美国高等教育研究协会的芭芭拉·坎布里奇号召了130多所院校参加关于教学学术的"校园对话"并签署协议,印第安纳大学布卢明顿校区专门成立了特别教师顾问委员会,针对参加"校园对话"的200多名教师进行指导和奖励。在实践浪潮的推动下,教学学术发展呈现出崭新局面。

实践的开展意味着理念不再停留在假想层面,同时也意味着理论研究会根据实践中的问题和障碍进一步深入,再进一步推动更加科学化、标准化的实践活动的开展,从而形成理论与实践不断循环促进的良好局面。教学学术在初期的实践过程中,主要在以下四方面暴露出问题:① 教学学术概念和构成的含糊性;② 教学学术与学科之间的关系;③ 大学教师对教学学术的接受度;④ 教学学术成果的评价和奖励。针对这些问题,特里格威尔[③]和克莱博[④]等试

---

① Barr R, Tagg J. From Teaching to Learning—A New Paradigm for Undergraduate Education [J]. Change, 1995, 27(6):13-25.

② Glassick C E, Huber M T, Maeroff G I. Scholarship Assessed: Evaluation of the Professoriate[M]. San Francisco, CA:Jossey-Bass, 1997:1-6.

③ Trigwell K, Martin E, Benjamin J, Prosser M. Scholarship of Teaching: A Model[J]. Higher Education Research & Development, 2000, 19(2):155-168.

④ Keber C. Controversy and Consensus on the Scholarship of Teaching[J]. Studies in Higher Education, 2002, 27(2): 151-167.

图构建模型来完善教学学术理论体系；克莱博特别针对研究生教育提出了五条建议，鼓励研究生学习教育学课程和接受教学实习，并注重教师对教学的讨论和探索；哈钦斯着重探究了教学学术与学科的关系，认为教学学术可以为不同学科发展奠定共同的基础。[①]

从国内教学学术的发展来看，相关的理论研究和实践起步较晚，还处于"预热期"，大多数聚焦于国外的教学学术研究。比如，李硕豪等较早研究了教学学术水平的特点、内涵和提升途径[②]；谷贤林从管理的角度分析了博耶的教学学术观[③]；王玉衡以帕森斯社会系统论为思想基础系统地探究了美国教学学术运动[④]。这些对国外教学学术的探究为我国教学学术的发展提供了宝贵经验。另外，姚利民、綦姗姗、宋燕等学者分别对教学学术的内涵、发展、价值、制度进行了理论层面的剖析。总体来说，我国教学学术还未形成较为完善的理论体系，实践层面也较为散乱。在高等教育质量工程建设越来越被重视的今天，教学学术研究承担着重要的使命，同时教学学术在国内拥有着较大的发展潜力和广阔的发展前景。

二、教学学术的内涵研究

教学学术到底是什么？这是教学学术研究中最为关键且至今仍为学者津津乐道的问题。前人关于教学学术内涵的讨论可被划分为"定义说""构成说"和"模型说"。在此基础上，笔者试图从特性和价值两个方面来更深层次地诠释教学学术的内涵。

（一）"定义说""构成说"和"模型说"

1."定义说"

克莱博和克兰顿归纳总结了对教学的三种定义。

---

① Hutchings P. Opening Lines: Approaches to the Scholarship of Teaching and Learning[M].
  CA: The Carnegie Foundation for the Advancement of Teaching, 2000: 1-10.
② 李硕豪, 代飚. 论教学的学术水平[J]. 煤炭高等教育, 1998(1): 1-6.
③ 谷贤林. 美国研究型大学管理：国家、市场和学术群里的平衡与制约[M]. 北京：教育科学出版社, 2008: 176.
④ 王玉衡. 美国大学教学学术运动[J]. 清华大学教育研究, 2006(4): 84-90.

（1）教学学术等同于对教学的发现研究。教师可通过发表论文、出版专著、参会报告等形式展示教学学术成果。

（2）教学学术等同于"优秀教学"，教师的教学学术水平是通过学生和同行的评价而得。

（3）教学学术类似于学术性教学，意味着教师通过运用教育学理论和研究，并与自身实践反思相结合，从而提高教学质量。[①]

从后来大多数的研究成果来看，第一种定义更接近于教学学术真正的内涵。国内有研究者将教学学术定义为：大学教师在教学实践中表现出来的知识、能力和素质。[②] 目前，教学学术还未形成统一的定义，但学者们尝试对教学学术进行定义是教学学术内涵研究的重要组成部分。

2."构成说"

根据不同学者对教学学术的不同理解和分析，教学学术的"构成说"是在不断丰富和发展的。最为典型的代表有赖斯的三元素论、西利的三元素论、布鲁的四元素论和舒尔曼的五元素论。

赖斯认为"概括能力""教学知识"和"学习理论"构成了教学学术的三元素[③]，这也是最早提出的教学学术构成理论。但是，这三个元素更类似于学术型教学的构成元素，忽视了教学的过程性和动态性。西利将教学学术分为截然不同的三个部分：① 学习前人的教学学术理论；② 反思自身教学实践；③ 教学理论与实践的交流。[④] 布鲁进一步将其细化为四元素：① 发现研究；② 奖励和评价优秀教学；③ 反思和应用教育理论；④ 反思和研究教学实践。由此可见，西利和布鲁挖掘了教学学术内涵的更多层面。舒尔曼则依据一般的学

---

① Kreber C, Cranton P A. Exploring the Scholarship of Teaching[J]. The Journal of Higher Education, 2000, 71(4):476-495.

② 綦珊珊, 姚利民. 教学学术内涵初探[J]. 复旦教育论坛, 2004(6):28.

③ Rice R E. The New American Scholar: Scholarship and the Purposes of the University[J]. Metropolitan Universities: An International Forum, 1991(1):7-18.

④ Healey M. the Scholarship of Teaching: Issues Around an Evolving Concept[J]. Journal on Excellence in College Teaching, 2003, 14(1/2):5-26.

术过程来解释教学学术的构成：想法、计划、过程作用、结果和研究。[①] 从构成成分来剖析教学学术的内涵，是一种较为具体的研究视角，也有利于教学学术内涵研究的进一步深入。

3."模型说"

"模型说"是 21 世纪教学学术在实践和理论发展方面的新型研究理论。一种是倾向于理论推导的模式：克莱博和克兰顿的九元素教学学术模型。[②] 周鲜华和黄勇也建立了类似的 3×3 矩阵式"九成份"教学学术模型。[③] 另一种是实践经验驱动模式：特里格威尔等的四维度（知识维度、反思维度、交流维度、观念维度）模型。[④] 模型的构建更加清晰和全面地阐释了教学学术的内涵，完善了教学学术理论体系。

（二）教学学术的特性

1.学术性

在博耶提出教学学术的概念之前，教学之所以没有被纳入学术的范畴，是因为没有人认识到"知识的传承和再创造"也可以是一门科学。博耶虽然没有对教学学术明确下定义，但是为教学贴上了新的性质标签，使学术界开始重新认识教学、关注教学。

学术性是教学学术最为显著的特性，这意味着教学学术作为一种学术形式，既不同于学术性教学和优秀教学，也不同于传统意义上的学科和专业教学研究。应该有独立的、系统的、专门的知识体系，并经过研究者的探索产生新的知识和成果，再对知识体系进行提升和完善。

① Shulman L S. Course Anatomy：The Dissection and Analysis of Knowledge Through Teaching [C]//Hutchings P. The Course Portfolio：How Faculty Can Improve Their Teaching to Advance Practice and Improve Student Learning. Washington，D. C.：American Association of Higher Education，1998：4.

② Keber C. Controversy and Consensus on the Scholarship of Teaching[J]. Studies in Higher Education，2002，27（2）：476-495.

③ 周鲜华，黄勇.3×3 矩阵式"九成份"教学学术模型的建立 [J]. 现代教育管理，2010（10）：56-59.

④ Trigwell K，Martin E，Benjamin J，Prosser M. Scholarship of Teaching：A Model[J]. Higher Education Research & Development，2000，19（10）：155-168.

2. 共享性

教师逐渐从课堂实践的自我反思走向集体探究,然后在全国甚至世界范围内分享教学经验和知识,是教学学术发展所带来的教学探究形式的变化。同其他学术形式展示成果的方式一样,教师可以通过各种形式公开自己的研究成果,包括发表论文、出版著作、组织和参加教学研讨会、公开教学方案、开办学术讲座、互联网讨论等,以供同行评论、学习、借鉴,使教学经验和探究透明化、共享化,促使更多教师群体共同致力于教学质量的提升。

3. 评价性

评价充斥于教学学术的方方面面:对教师课堂教学的评估、学生和同行对教师的评价、教师对学生的评价、教学成果的评估等。教学学术被提出后,很多高校和机构开始重新讨论、反思大学教师的评价和晋升机制,旨在改变以往过于注重科研的做法。同时,教学学术的发展为教师提供了更多的平台来展示教学成果,评价(职称改革)也随之更加合理化和全面化。

4. 实践性

教学学术的精髓在于实践。教师在教学学术中不仅充当着学生的教导者、合作学习者的角色,还附加了一种探究教学、发展教学的学者责任,是贡献于更大团体的实践者。与学科专业高深知识研究相比,教学学术更侧重于实用性研究。只有将教学研究成果真正运用于实践,并且证明其有效,才能称得上真正意义上的教学学术。除此之外,教学学术实践的魅力在于它的灵活多变。经科学研究得出的真理往往是永恒的,但是影响教学的变化因素太多:学生群体数量和结构的变化、学生个体差异、教学环境变化、社会环境变化等。能够从灵活多变的实践因素中抽象出普适性的规律并总结提炼,体现了一个教师重要的教学学术水平。

5. 跨学科性

教学学术不是针对某一门学科的研究,而是一种跨学科的混合研究。[①]教

---

① Looker P. Globalising the Local:The Scholarship of Teaching and Learning in a Larger Context[J]. Journal of the NUS Teaching Academy, 2011(1):21-31.

学学术中的知识成分包含了教育知识、教学知识和课程知识[①]，关注这三种知识的转换和延伸，混合交叉了学科研究与教育研究。

（三）教学学术的价值

1. 回归大学育人本位

教学学术将教学上升到学术领域，超越了科研与教学的二元对立，使教学不再是一种简单的实践活动，而是一种独立的学术形式。博耶的学术观第一次在现代高等教育中将教学与科研置于同一重要的地位，两者共同促进高等教育的发展。他用一种新的概念、一种共同的期望号召高校和教师共同关注育人，关注教学，给教学以尊严，赋予教师更重要的责任，着力提升教学质量。

大学的核心价值终将是育人。促进学生的成长和学习可以说是教学学术的第一目的。通过教学学术，学生一方面可以获得更优质的教学资源、教学环境、教学方法，另一方面也可以得到研究教学、探讨教学的机会，学习如何进行研究，形成创新性思维和教学研究素养，提高学习和研究能力。

2. 促进教师专业发展

为达到提升育人质量的目的，教师不仅要掌握专业知识，洞察学科发展前沿，还要与学生共同探讨、互相学习，通过教学的动态过程，形成自身的教学知识体系，并分享教学成果，以启发更多的人来反思和研究教学，在提升自身教学的同时最大程度地使更多教师群体收益。这样的教学，不仅传播知识，而且创造知识，最终使知识之树长青。因此，教学学术为教师提供了更广阔的学术平台和建设性方法以进行探究、交流，缩短了教师专业成长的周期。

教学学术提出后，很多高校开始重新审视大学教师角色和专业发展，也使得20世纪90年代成为美国大学教学研究中心普遍建立和发展的时代。[②]另外，教师发展中心也开始陆续成立并蓬勃发展，为教师的持续性发展提供技术和理论支持。我国教育部就曾多次组织高校校长赴密歇根大学教师发展中心进

---

① Kreber C, Cranton P A. Exploring the Scholarship of Teaching[J]. The Journal of Higher Education, 2000(71): 476-495.

② Huber M T, Hutchings P. The Advancement of Learning: Building the Teaching Commons [M]. San Francisco: Jossey-Bass, 2005: 4.

行学习培训。[①]

3. 优化教师评价机制

教学作为学术的思想逐渐被高等教育界接受,促进了大学教师的评价机制改革。1994年,美国卡内基基金会关于高校修订教师评价机制做了相关调查,结果显示:接受调查的对象中有 60% 的高校认为《学术反思》使他们重新界定教师角色行为,提高了对教学的重视程度;2/3 的高校表示正在完善教师评价机制。[②] 教师的优秀教学研究成果和教学实践被认可、被奖励,使他们对教学学术更加认同与理解,并有了更大的动力继续深入教学研究,提高教学质量,从而形成良性的循环机制。教学学术为教师评价机制改革带来的影响是深刻的,而且是有时代意义的。

4. 推动高等教育质量建设

教学模式是高等教育功能的载体,教学模式先进与否,直接影响高等教育人才培养质量。[③] 教学学术研究主要涵盖两个方面:一方面是关于教学的理论和实践,形成全员研究教学、讨论教学、共享经验和成果的氛围;另一方面是基于时代和社会的背景,对高等教育的责任与使命进行深思和探讨。教学学术在注重高等教育质量的今天,发挥着不可小觑的作用。社会产业结构转型、科学技术发展、高等教育的普及化等,无一不对高等教育质量提出新的要求。虽然高等教育质量涉及的主题和范围广泛,但是其根基是教学。未来,教学学术必将凝集力量,不断推动高等教育质量发展。

三、教学学术的实践研究

教学学术最早在美国实践,但其影响力绝非只停留在北美地区。教学学术的实践已经成为一场国际性的运动,在机构层面、学校层面、教师个人层面全面展开。

---

① 别敦荣,齐恬雨. 国外一流大学本科教学改革与建设动向 [J]. 中国高教研究,2016(7):7-13.
② Boyer E L. From Scholarship Reconsidered to Scholarship Assessed[J]. Quest, 1996(48):129-139.
③ 别敦荣,齐恬雨. 论高等教育普及化阶段的人才培养 [J]. 中国高教研究,2016(4):15-22.

（一）教学学术实践发展的趋势

自 1998 年卡内基教学学术协会成立标志着真正意义上的教学学术实践开始以来，20 多年来，教学学术实践逐渐呈现广泛化、国际化、全面化的发展趋势。

1. 广泛化

教学学术实践的广泛化首先体现在参与学科的广泛性上。教学学术不仅是教育学学科的问题，所有学科都存在着教学问题，因此也都有研究教学问题的必要。目前，美国的大学中几乎所有的学科都开展了教学学术实践，并创办了各学科的教学学术刊物。其次，参与教学学术实践范围扩大，参与高校类型也越来越多样化。例如，美国参与教学学术实践的高校，从最初的布法罗州立大学、多明尼克大学等几所高校，逐渐扩展到 1000 多所高校，包括研究型大学、文理学院、社区学院等。最后，除了本科生教育，教学学术实践也渗入研究生教育和基础教育领域。

2. 国际化

教学学术是一个国际性话题。在全球化、信息化的时代背景下，加拿大、英国、丹麦、澳大利亚、新西兰、中国等国家和地区都参与教学学术的合作探索与实践。2004 年，国际教学学术学会成立，成员包括 60 多个国家的研究者。教学学术的研究队伍也呈现出国际化趋势，代表性的研究学者从开始以美国为主逐渐拓展到全球范围。例如，英国的西利、克莱博，加拿大的伍德豪斯、哈菲，澳大利亚的特里格威尔、帕特里，中国的王玉衡、姚利民。

3. 全面化

随着教学学术实践的发展，其配套的政策、项目、制度、社会机构支持越来越全面化。实践项目层面，既有国家层面的项目依托，也有院校层面的项目支持，还有教师个人的项目实践。美国高等教育联合会搭建了教师奖励论坛，为院校、教师提供教学学术方面的指导和帮助。另外，卡内基教学学术学会和 20 多个专业学会社团进行了合作 ①，共同探索教学学术的学科实践问题。事

---

① 王玉衡．美国大学教学学术运动 [J]．清华大学教育研究，2006（4）：84-90．

实上,教学学术实践正在逐渐演变为一种既关注教学质量的提升,又能带动高等教育发展范式转型的教育改革方式。

(二)教学学术的实践途径

1. 机构层面

专业的研究机构是为教学学术实践搭建平台、提供交流、促进研究、深化影响的重要力量。机构层面的实践主要包含开发和资助项目、创办杂志、组建会议三种形式。很多国家的教学学术机构发挥着旗手引导和推动作用:国际教学学术学会每年在不同国家举办学术年会,出版教与学学术杂志,并支持全球各地区的教与学学术交流活动;美国的卡内基教学学术学会资助和开展了一系列教学学术培训项目;澳大利亚成立大学教学教师发展委员会,通过资助教学学术项目来支持教学学术发展;英国的伦敦教学学术学会定期召开国际会议,研究和交流教学学术相关问题。我国虽然还未形成专业的教学学术机构,但近几年也在全国范围内举办教学学术研讨会。2019 年 7 月,中国高校第一届教学学术年会暨上海交通大学第四届教学学术年会召开,来自全国 70 多所高校的 450 余名高等教育学者、一线教师及教学发展人员深入交流,共话教学学术。2020 年 8 月,中国举办首届中国教与学学术国际会议,积极推动教学学术在中国的发展。

2. 院校层面

目前,开展教学学术实践的高校,无论是数量还是类型都在不断扩充,实践方式也日趋多样化:组建校级教学学术部门、开发教学学术基金项目、举办教学学术研讨会、开办教学学术工作坊、创办相关杂志、成立教学学术学者团队、制定和完善教学学术奖励评价制度、利用互联网宣传教学学术成果,等等。有些高校的实践针对性更强,比如,伊利诺伊州立大学的教学发展中心每年会为刚完成第一年教学工作的教师开办一个主题为"课堂研究与评价"的暑假培训班,指导新教师学习和探究如何更好地评价学生的学习效果,并为他们提供一定的补贴。[①] 我国高校的实践重点是设置有关机构促进教学和教师发展,例如,武汉大学、西安交通大学等设置了教学服务中心,北京师范

---

① 何晓雷. 美国大学教学学术研究 [M]. 北京:中国社会科学出版社,2016:211.

大学、厦门大学教育研究院等成立了教师发展中心，以提升教学在高校中的
地位。

3. 教师个人层面

教师个人层面的教学学术实践是最微观也是最具体的。教师对于教学学
术的认知和实践直接影响着这场改革的成败，因为教师才是教学学术实践最
重要的主体。目前，教学学术实践存在一个明显的问题：优秀教学成果虽然受
到重视，但是没有充分被奖励。因此，大多数进行教学学术实践的教师是受职
业责任感和兴趣的驱动，这些教师成为教学学术实践最重要的力量。

从个人的角度如何进行教学学术实践？舒尔曼给出了最好的回答。他认
为教学学术实践需要经过五个步骤：想法、计划、过程作用、结果和研究。胡博
深入描绘和解释了教师个人层面的具体实践方法、经验和意义。[①] 教学学术的
个人实践始于问题和想法，然后用学术方法制订计划并付诸实践，最终以研究
成果的形式公开，供同行借鉴、交流和评价。

四、结语

教学学术伴随着理论的成熟和实践的深入不断发展。在教学改革全面实
施的大环境下，教学学术作为教学改革的重要组成部分却很少被高校教师和
管理人员认知。任何改革都始于认知。本文的出发点正是"让更多的人听到
教学学术的声音"，期望更多学者深入探讨教学学术问题，共同推动学科和高
等教育教学发展。

---

① Huber M T. Balancing Acts：The Scholarship of Teaching and Learning in Academic Careers
[M]. Washington D. C.：American Association for Higher Education，2004：1-10.

课堂教学设计篇

智慧教学影响学习效果实证研究的共同效应

——基于 37 项实验和准实验的元分析

陈凯泉* 刘 宏 闫云龙■

智慧教学的飞速发展源于教育技术理论研究人员对新型教学模式的设计开发,国内外中小学以及高校的教育实践者也觉察到了这种新型教学模式对教育教学变革的重要意义,开始了积极的实践探索。智慧教学模式的效果如何、是否适用于所有学科和学段、哪种知识类型更有利于其发挥最大效果等问题已成为教育研究者和一线教师迫切需要解答的问题。针对这一现实问题,本文采用元分析方法,对有关智慧教学的实证研究进行系统定量分析,客观揭示智慧教学与学习效果间的关系,并进一步探究智慧教学对不同学科、学段以及不同知识类型学习的影响,期望为智慧教学模式的进一步推行提供参考与借鉴。

一、智慧教学对学习效果影响的两种观点

关于智慧教学与学习效果之间的关系,目前的研究大致存在以下两种结论：① 智慧教学能够促进学习效果显著提升；② 智慧教学不能提升学习效果。

（一）智慧教学能促进学习效果显著提升

不少研究者认为智慧教学对学习效果有显著的积极影响。饶冬梅从高一年级中选择了两个人数相等的平行班开展智慧教学实验,以研究生物教学中智慧教学模式的有效性。在实验结束后,对照班的成绩显著低于使用了智慧

* 陈凯泉,中国海洋大学基础教学中心教育系教授,主要研究方向为教育信息化和高等教育学。本文为中国海洋大学教师教学发展基金项目"混合式教学中的适应性教学反馈策略研究"（2021JXJJ14）的结题成果。

教学模式的实验班。① 也有学者选择在体育课上探究智慧教学的有效性,教学内容选择的是武术操,实验班借助机器人开展智慧教学,该实验中传统教学班的得分显著低于实验班。② 还有学者探究智慧教学模式对英语教学的影响,提出应用智慧教学模式能够提升学生的英语成绩,也能较大程度提升学生的英语学习动机。③

(二)智慧教学不能显著提升学习效果

一部分研究者认为智慧教学对学习效果没有显著影响。王璜以九年级学生为研究对象,以九年级物理中"电与磁"和"信息的传递"为教学内容开展了一个半月的智慧教学实验,对照组和实验组人数都在 60 人左右,实验结束后两组学生在学习投入度、学习动机等方面并没有产生显著的差异。实验组相比于对照组的成绩确有提高,但并没有表现出显著的差异。④ 陕西师范大学的张文兰等学者从小学三年级选取了两个班开展数学教学实验,一个班应用智慧教学模式,另一个班采用传统教学模式,该实验历时三个多月,两个班的成绩并没有产生显著的差别。⑤

从以上研究可以看出,在智慧教学对学习效果影响是否显著这一问题上存在较大争议,近些年有关智慧教学影响学习效果的实证研究正在增多,如果把这些实证研究做更为全面和系统的分析,则有望对智慧教学效果形成更为细致、全面的判断。基于此,本文通过选择国内外(主要是最近五年)37 项有关智慧教学的实证研究,应用元分析方法综合探究智慧教学与学习效果间的关系,以期呈现智慧教学对不同学科、学段以及知识类型等方面影响的差异性。

---

① 饶冬梅 . 智慧课堂在《分子与细胞》教学模块中的应用研究 [D]. 昆明:云南师范大学,2019.

② 乔福存,朱厚伟,吴树超 . 机器人参与教学对小学生体育学习影响的实验研究 [J]. 运动,2017(21):68-69.

③ Li S, Zheng J. The Effect of Academic Motivation on Students' English Learning Achievement in the eSchool Bag-based Learning Environment[J]. Smart Learning Environments, 2017, 4(1):3.

④ 王璜 . 智慧课堂教学模式的建构及应用研究 [D]. 天津:天津师范大学,2019.

⑤ 张文兰,李喆,员阁,等 . 电子书包在小学数学教学中的应用模式及成效研究 [J]. 中国电化教育,2013(12):118-121.

二、研究设计与方法

鉴于当前智慧教学模式究竟在多大程度上或者是否影响学习效果上存在较大的争议,本文采用元分析工具 Comprehensive Meta Analysis 2.0（CMA2.0）软件,对智慧教学实证研究做出全面分析,由此形成一个综合性评估。

（一）文献检索与筛选

目前,有关智慧教学模式的定量研究文献并不多,为获取更加丰富的样本、保证研究的质量,本文选取中外数据库进行文献检索,文献类型涵盖学术期刊论文、硕博学位论文、学术会议论文等。中文文献以"智慧教学""智慧课堂教学模式"或"智慧教育"为主题词在中国知网全文数据库进行检索,外文文献通过 Web of Science、Elsevier Science Direct、Springer Link、ERIC、IEEE 进行检索,主题词设置为"smart classroom""smart pedagogy""wisdom teaching""smart education""smarter classroom"。第一轮检索之后,为获取更多的文献资源,采用回溯搜索,对检索到的文献实施第二轮拓展性检索。

搜集到文献之后,对这些文献按照以下标准进行筛选:① 研究主题为智慧教学,且必须给出学生学习效果的指标;② 研究方法必须为实证研究;③ 单组实验研究包括前后测,要有智慧课堂教学模式和传统教学模式对学习效果影响的对比,所以要有实验组和对照组;④ 要能够依据文献所提供的数据计算出效应值。经过筛选,符合标准的中外文献共 37 篇（其中英文文献 11 篇）,将其作为本文研究的样本文献。文献的分布详情如下。

从发表时间来看,2015 年以后发表成果 29 项,占样本文献量的 78.4%,其中 2019 年发表的成果有 12 项,占样本文献数量的 32.4%。从所属学段来看,小学学段的成果 13 项,总量最大,占样本文献数量的 35.1%;初中学段的成果 5 项,占 13.5%;高中学段的成果 10 项,占 27.0%;大学学段的成果 9 项,占 24.4%。从学科分布来看,在英语和数学学科开展的实证研究各有 10 项,总计占比达 54.1%,信息、编程及计算机类学科占比 18.9%,其余实证研究成果有关文史、科学、艺术等学科。

（二）文献编码

对样本文献的特征值进行编码是统计和计算效应值的前提。本文研究的文献编码涵盖作者、发表年份、样本量、学段、学科、知识类型,其中学段按照初等(小学)、中等(高中和中职)和高等(高职、大学)教育阶段划分。学科涉及语文、数学、英语、物理、地理、计算机,不在以上学科之列的其他学科归为其他类别。知识类型则分为理论类和实践类,理论类课程偏向于学生对概念、规则、原理的习得,实践类课程重视学生对操作技能的掌握。

(三)效应值计算

效应值主要用于表征实验效应的强度以及实验中自变量与因变量的关联强度。效应值大小是表示两组(通常是实验组和对照组)均数差异的标准化度量,典型代表是 Cohen'sd。Glass'、Hedges'sg 在样本容量较小的情况下,Cohen'sd 会严重高估效应值。因本文研究样本量规模适中,所以采用 Hedges'sg 来衡量实验效应强度,应用 CMA2. 0 软件计算效应值。

三、数据分析与讨论

(一)发表偏倚和同质性检验

发表偏倚是元分析中常见的一种系统误差,为保证元分析的科学性,本文选用定性的漏斗图、定量的 Begg's 检验以及失安全系数来综合检测报告偏倚。本文的发表偏倚漏斗图显示,大部分研究效应值处于平均效益值两侧,且坐落在中上方区域,因此可以判断发表偏倚的发生概率很小。接下来,Begg's 的检验结果为 $t = 0.31152$,$p < 0.05$,但经安全系数分析,得到失安全系数值为 3877,远大于"$N \times 5 + 10$",由此判定发表偏倚虽然一定程度上存在但仍然是安全的。所以漏斗图分析、定量的 Begg's 检验以及失安全系数值这三项都表明本文研究未发生显著的发表偏倚。元分析统计原理要求当 $I_2 > 60\%$ 时采用随机效应模型,本文研究样本的异质性检验结果为 $I_2 = 83.528$,说明样本间存在较大的异质性,因此笔者选用随机效应模型。

(二)智慧教学对学习效果的整体影响

智慧教学对学习效果的合并效应值 SMD=0.763(且 $p < 0.001$),是一个正值,说明有正向积极作用。根据 Cohen 提出的效应值标准,当 SMD ≤ 0.2 时,影响效果较小;当 SMD ≥ 0.5 时,为中等程度的影响;当 SMD ≥ 0.8 时,影响

效果显著。本文研究中的共同效应值为0.763,属于中等偏上程度的积极影响。由此可见,整体而言智慧教学能较好地提升学习效果。

（三）智慧教学在不同学段的应用效果

本文将学段按照初等、中等和高等三个阶段进行划分,各组合并效应值如表1所示。初等阶段的合并效应值为0.422,中等阶段的合并效应值为0.789,高等阶段的合并效应值为1.167,且三组的 p 均小于0.001,达到统计意义上的显著水平。中等教育阶段的合并效应值为 $0.5 \sim 0.8$,说明智慧教学对中等教育阶段的学习效果有中等程度的促进作用。高等教育阶段的合并效应值大于1,说明高等教育阶段的学习效果受智慧教学的积极影响更为显著。而在初等教育阶段的合并效应值小于0.5,说明智慧教学对初等教育阶段的学习效果有中等偏下水平的促进作用。究其原因,相较于中等阶段的学生和高等阶段的学生来说,初等阶段的学生的自主学习能力较弱,智慧教学中的即时反馈和适应性教学内容推送等并不能促使初等阶段的学生获得预期的学习效果。

表1　智慧教学在不同学段的应用效果

学段	样本量	效应值及95%置信区间				双尾检验	
		合并效应值	标准误差	上限	下限	Z	p
初等	13	0.422	0.076	0.571	0.273	5.567	0.000
中等	15	0.789	0.137	1.058	0.521	5.765	0.000
高等	9	1.167	0.246	1.649	0.689	4.742	0.000

（四）智慧教学对不同学科的影响

不少学科尝试利用智慧教学提升学习效果,数学、英语学科中的研究和应用相对较多。如表2所示,具体到各学科来看,英语的合并效应值为1.014,计算机的是0.844,合并效益值都大于0.5,且 p 均小于0.001,说明智慧教学对英语和计算机学科的学习效果有显著的正向促进作用。地理的合并效应值为0.602,且在 $p < 0.001$ 水平下显著。其他如语文、物理等学科可能受到研究样本量的限制,其影响有待进一步探究。值得注意的是,音乐、生物等学科在应用智慧教学后也取得了较好的学习效果。整体来看,不同学科中智慧教学在影响学习效果方面表现出较大的区别。

表2　智慧教学对不同学科的影响

学科	样本量	效应值及95% 置信区间				双尾检验	
		合并效应值	标准误差	上限	下限	Z	p
语文	1	0.388	0.174	0.729	0.047	2.230	0.026
数学	10	0.303	0.066	0.432	0.174	4.592	0.000
英语	9	1.014	0.245	1.459	0.533	4.131	0.000
计算机	7	0.844	0.117	1.073	0.616	7.241	0.000
地理	2	0.602	0.144	0.884	0.319	4.168	0.000
物理	2	0.579	0.408	1.379	-0.220	1.420	0.156
其他	6	1.302	0.268	1.827	0.776	4.857	0.000

（五）智慧教学对不同知识类型学习的影响

本文还分析了智慧教学对学生学习效果的影响在不同知识类型上的差异性，表3呈现了统计所得的合并效应值。理论类知识的合并效应值为0.723，实践类知识的合并效应值为0.864，且两者均在 p 小于0.001的水平下显著，说明不论是理论类知识还是实践类知识，智慧教学对学习效果都有显著的正向促进作用。具体来看，智慧教学对实践类知识的学习效果影响更大，对理论类知识的影响略小一些。传统的教学模式将课堂重心放在理论知识或操作步骤的讲解与重复上，留给学生动手实践的机会较少；而在智慧教学模式下，学生拥有更多的操作实践机会，对于深化学生的自主学习更有意义。

表3　智慧教学对不同知识类型学习的影响

知识类型	样本量	效应值及95% 置信区间				双尾检验	
		合并效应值	标准误差	上限	下限	Z	p
理论类	29	0.723	0.107	0.933	0.513	6.756	0.000
实践类	8	0.864	0.109	1.077	0.650	7.915	0.000

四、总结及启示

综合上述分析可以看出，智慧教学对学生学习效果的整体影响的共同效应值为0.763，位于0.5～0.8，是一个中等偏上水平的值，本文所搜集的研究样本能够支撑智慧教学能显著提升学习效果这一结论。但对智慧教学的设计与实施，需全面考虑学段、学科及知识类型等方面对学习绩效的影响。

从学段来看，智慧教学对不同学段都有积极的作用效果，对高等教育阶段学生的学习效果影响尤为显著。这也显示出在应用智慧教学的过程中必须高度关注学生是否能自主开展学习。相比于高中生、大学生，初中生及小学生自控能力较弱，尤其是小学生的自我管理能力较差，维持学习动机较为困难，在采用智慧教学模式时一定要推送更多趣味性学习资源，所设置的自主学习活动不妨引入游戏中的角色扮演和徽章鼓励等设计，以保证自主学习的有效展开。

从学科角度来看，不同学科中智慧教学在影响学习效果方面表现出较大的区别。智慧教学为促进英语、计算机、地理等学科的学习创造了更为有利的条件，但若深入分析就不难发现，这些学科长期以来有借助信息技术开发学习资源的传统。若数学、物理、化学和文史类等学科深入借助各类学科工具、认知工具甚至模拟仿真工具开展智慧教学，亦有望借助智慧教学显著提升学习效果。

从知识类型来看，对于不同知识类型的课程，智慧教学的影响效果均具有正向、促进作用，但是对实践类知识学习效果的提升更为显著。智慧教学为学生有意义的学习过程的发生提供了智能化、个性化、多元化的空间与环境，使自主探索、主动建构更易发生。

通过对已经发表的实证研究开展元分析可以看出，整体而言，智慧教学模式的确能够带来学习效果较为显著的提升，对各学科的效用还有深入挖掘的广大空间。但相对于数量丰富的理论研究，当下关于智慧教学的实证研究数量相对较少，尤其在智慧教学模式探索及常态化应用方面还有很大的提升空间。智慧教学对不同教育阶段、不同学科、不同知识类型的学习效果的影响存在差异，任何区域、机构和学校都无法要求所有教师、所有学科采用整齐划一的智慧教学模式。前期在线教学和智慧教学的实证研究一定程度上助推了信息化教学的普及，后续随着自动化语音分析、作文的智能性评阅、对学情的精准分析等功能越来越多地嵌入教学平台中，智慧教学的学科应用范围有望进一步扩大，对学习效果的提升作用可能会进一步显现。

（原载于《数字教育》2020年第4期，署名：陈凯泉、刘宏、闫云龙）

微视频线下教学对学习投入度影响的研究

——以工业设计专业为例

吕太锋* 宋奕聪 郭佩艳▣

一、研究背景

当今学生学习资源的获取渠道不断增多,从而对课堂学习的热情与积极性产生影响,较为明显的是学生在课堂学习中注意力容易分散,学习主动性下降。面对这样的局面,如何提高学生的学习热情,尤其是课堂学习的主动参与性成为教学中的重要问题。同时,技术的发展使课堂教学手段更加多样,如教学资料的展示方式变得更加丰富多彩;多媒体手段逐渐走进课堂,参与课堂教学[1],用微视频展示教学案例、展示学习成果等逐渐被教师使用。课堂教学中微视频的使用是否能够提高学生的学习兴趣、带来更好的学习体验?本文以微视频导入课堂教学为研究出发点,探讨当前线下课堂教学中,使用微视频作为教学手段的教学效果。

在本文研究过程中,微视频导入课堂主要是在案例展示、原理阐述以及学生展示等环节。微视频内容紧扣课程内容,以工业设计专业的"创意方法学"课堂作为研究环境,期望通过微视频与教学内容的融合,实现丰富学生学习体验、激发学生学习参与感与学习热情的目的。

研究假设:微视频导入线下课堂对学生学习投入度有积极影响。

* 吕太锋,中国海洋大学工程学院副教授,主要研究方向为设计语言学、设计方法学。本文为中国海洋大学教师教学发展基金项目"探索式教学中视频导入对学生学习投入度的影响研究"(2020JXJJ15)的结题成果。

[1] 吴祥恩. 虚拟现实技术在"现代教育技术"课程中的应用研究 [J]. 中国电化教育,2011(3):96-100.

二、研究综述

微视频是随着多媒体技术的逐渐普及而逐渐开始用于教学的,因此,国内外专家对微视频用于线下课堂教学的研究起步较晚。

通过查阅文献发现,目前线下课程对微视频的使用多集中在医疗、英语、教育技术等专业。何惠燕等对对照组与实验组的考核成绩、观看视频次数、护士满意度与教师对教学的评价开展比较研究。[①] 范福兰等将视频教学应用于"教育技术学研究方法"课程中,对此种教学模式的应用效果及学生的反馈信息进行了分析。[②] 张小斌对视频教案的设计、教师角色的定位、学科适应性以及教学效果进行了论述。[③] 20 世纪 80 年代,莫舍最早提出"学习投入"这一术语,芬恩基于辍学及完成学业视角提出"参与—认同"模型。[④] 总体来看,对于学习投入的研究多集中在学习投入的界定、内涵、测量方法以及效果评价等方面,但对微视频在线下课程中对学生学习投入度影响的测量性研究较少,且多以方法介绍和描述性研究为主。因此,线下教学中使用微视频对学生学习投入度的影响存在较大的研究空间。

三、研究方法

由于新旧教学大纲交替,因此"创意方法学"课程分别于 2020 年 9 月至 2021 年 1 月连续两个学期开课。由于两个班级的课程并非同一学年进行,因此,未采用实验组和对照组的方式进行研究,而是采用了同一学期不同学习阶段的数据,以方差分析的方式进行研究。[⑤]

---

① 何惠燕,吴立香,黄凤玉,等. 面授结合视频观看模式在消毒供应中心临床教学的应用 [J]. 岭南现代临床外科,2020,20(5):681-684.
② 范福兰,张屹,白青玉,等. 基于交互式微视频教学资源教学模式的应用效果分析 [J]. 现代教育技术. 2012,22(6):24-28.
③ 张小斌. 视频教学模式在计算机课程教学中的应用与教学效果评估 [J]. 中国职业技术教育,2010(2):58-60,84.
④ 转引自武法提,张琪. 学习行为投入:定义、分析框架与理论模型 [J]. 中国电化教育,2018(1):35-41.
⑤ 梁志星,袁美玲. 高校学生评教结果有效性分析方法研究——Z 高校背景因素方差分析案例 [J]. 扬州大学学报(高教版),2021,25(1):30-37.

（一）学习阶段调查法

本文选择中国海洋大学工业设计专业 2019 级和 2020 级两个年级学生的两个学期的学习过程作为研究对象,每个学期是一个完整的实验周期,对学生学习投入度进行测量。在每个实验周期,即一个学期中分三次对学生学习状态进行测量,如学期初(前测)、学期中(中测)、学期末(后测)。与测量时间段相应的是每学期两个阶段的教学方法的变化,即从学期初到学期中采用传统教学方法,从学期中到学期末采用微视频导入的方式进行教学。通过对一个学期中三个时间段学生学习投入度的变化,验证微视频对学生学习投入度的影响。如果两个班级在同样的时间段学习投入度的正向变化规律具有相似性,则验证微视频导入教学对学生学习投入度有积极影响(图 1)。

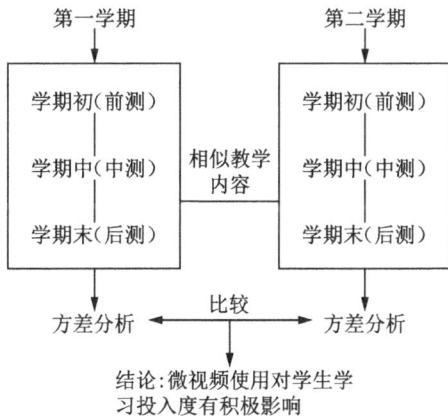

图 1　研究过程示意图

1. 研究过程中的干扰因素以及处理方法

在研究过程中,采集数据所处的教学阶段、教学内容与教学方法对研究结果具有一定的影响,如不同的教学内容会影响问卷调查的客观性。因此,对每个学期两个学习阶段的划分,尽可能使前、后两个阶段的教学内容一致,即前半学期和后半学期在教学内容方面具有平行关系。为解决这个问题,笔者对前测时间点的选择进行了调整:此时教学内容为"创意思维的原理"与"创意方法的探索与应用",因此,前测时间选择在创意方法已经开始学习的阶段,这与中测、后测的时间选择标准有很强的相似性,即前、后两个阶段教学内容均为创意方法的探索与应用，但分别使用不同的创意方法，从而尽可能减少或者避免数据调查时的干扰因素。同时，教学时均采用讲授、讨论、头脑风暴、案例展示与分析、学习成果分享的方法进行。

2. 量表选择

目前国内外对研究学习投入度认可度较高的量表主要为费勒等开发的UWES-S 量表和弗雷德里克等开发的三维度（行为、情感、认知）学习投入度量表。UWES-S 量表在学习投入方面仅关注学生本身，不涉及院校层面[①]，较适合本文研究使用，因此笔者以 UWES-S 量表为基础，进行了一定的微调，以便更适合本文研究。

本文研究中，微视频使用作为自变量；因变量为影响学习投入度的因素，有动机、精力和专注三个维度，共 17 个问题。

（二）观察法

笔者选取两个学期的"创意方法学"课程共八次（每学期四次）微视频（含案例型微视频和原理展示型微视频）导入教学过程对学生学习状态进行了观察，均采用观察量表进行数据采集，分析学生的学习状态（活跃度、关注度、坚持度），并得出规律性结论，与 UWES-S 量表调查结果进行对比，验证是否有共性。

此外，为了发现不同内容和性质的课堂教学中，微视频对学生学习投入度的影响是否具有较大差异性，笔者同时选取了"设计概论"和"工程制图"作为辅助研究课程对微视频导入对学生学习投入度的影响进行观察与分析。其中，"设计概论"的课程内容以形象思维为主，而"工程制图"的课程内容以逻辑思维为主。

四、实验过程

（一）微视频的使用

备课时准备的微视频主要通过网络下载得到或教师自己录制。课堂上，

---

① 李爽，喻忱. 远程学生学习投入评价量表编制与应用 [J]. 开放教育研究，2015，21（6）：62-70，103.

教师根据上课时提到的案例现场搜索网络视频资源。学生作业展示环节所使用的微视频由学生课后制作。

（二）数据采集与分析

笔者在 2020 年 9 月至 2021 年 1 月、2021 年 3 月至 2021 年 7 月的"创意方法学"课程中分别采用分阶段测试的方法进行了数据采集。每个学期分两个学习阶段进行了三次数据采集。第一学期的数据文档为六组，其中三组分别为学生在学期初、学期中和学期末课堂学习的学习投入度的数据；另外三组分别为学生在学期初、学期中和学期末完成作业过程中的学习投入度数据。[1]

通过对第一学期的数据进行方差分析发现，学生作业采用微视频形式展示对学生学习投入度没有帮助作用（17 项指标中只有两项具有显著性），同时增加了学生的负担，因此，在第二学期放弃了该环节，只调查教师展示的微视频对学生学习投入度的影响。[2]因此，第二学期的三组数据以课堂教学视频导入为主要研究内容。

五、结果分析

（一）调查法统计结果分析

用 SPSS 对 2020 年秋季学期（2020 年 9 月至 2021 年 1 月）的"创意方法学"课程采集的 UWES-S 学习投入度量表进行了数据分析，其中三组数据为线下课堂微视频导入前后学生学习投入度的测量结果分析，另外三组为学生作业完成过程中微视频导入前后学生学习投入度的测量结果分析。分析内容为：以微视频导入三个节点、两个阶段的学生学习投入变化为目的的问卷信度分析、效度分析、均值与方差分析。

1. 信度分析

对各项目的标度进行分析，得到科隆巴赫 alpha 数为 0.959，活力分量表

---

① 郭为立. 核心素养导向的中学政治课微视频教学调研 [J]. 思想政治课教学，2020（4）：86-90.

② 高朝阳. 应用型高校英语混合式教学效果分析 [J]. 山西财经大学学报，2021，43（S2）：175-178，195.

为 0.932，奉献分量表为 0.833，专注分量表为 0.945，均非常可靠。

2. 效度分析

对数据进行探索性分析，Bartlett 球性检验达到显著水平（Approx. Chi-Square=1 598.842，df=136，p=0.000），KMO=0.923＞0.7，证明该问卷中的自变量之间具有一定的联系，问卷是有效的。

3. 相关分析

分别将活力、专注、奉献的得分取平均数，以此作为该维度上的指标，三者互相作为自变量和因变量，进行相关分析得到其两两之间均成正向高相关，相关系数分别为 0.804、0.727、0.773。

4. 方差分析

对 17 项指标，以微视频导入教学前、中、后的 3 个组为因子，进行方差分析，选择线性比较，以 0.05 为显著性水平，LSD 假定等方差进行事后比较，并进行方差齐性检验，得到如下结果：17 项指标中，11 项指标差异显著（p＜0.05），6 项指标差异不显著（p＞0.05）。总体而言，微视频导入对学生学习投入度具有积极影响。此外，每一项指标后测与中测差值均较为明显，证明微视频导入线下课堂对学生学习投入度有帮助。

同时可以发现，该方法在提高学生学习兴趣、学习热情、学习沉浸感方面有较为显著的效果，在学习坚持度、启发性与挑战性方面影响不显著。因此，笔者在第二学期着重关注微视频的内容与使用设计方面对学生的启发性。

在 2021 年 3 月至 2021 年 7 月的"创意方法学"课程中，采用相同的测试方法，根据所采集到的数据进行同样的分析，在信度、效度、相关性均有效的情况下，主要分析方差得到如下结果：17 项指标中，15 项指标差异显著（p＜0.05）；2 项指标差异不显著（p＞0.05），分别是"早上起床的时候，我想去上课"和"对我而言，课堂学习是具有挑战性的"。

因此，可以说明两个问题：① 线下教学中进行微视频导入对学生的学习投入度具有积极影响。② 第二学期对微视频内容、使用时长、使用频率、使用方式的调整提高了学生的学习投入度。

（二）观察法结果分析

通过对课堂学习观察量表（包含学生的活跃度、关注度、坚持度三方面的七个指标）的分析，可以发现微视频导入对学生的学习投入度提升有较为明显的效果，尤其是使用微视频时学生的注意力、学习兴趣等方面有显著提升。具体如下。

对于学生观看微视频的坚持度而言，原理型微视频坚持度总体大于案例型微视频。

对于学生观看视频的关注度而言，案例型和原理型微视频均效果明显。

对于学生观看微视频的活跃度而言，案例型和原理型微视频没有明显差异性规律，但对提高学生学习投入度有一定效果。

对于以逻辑思维为主的课程内容而言，原理展示型微视频对学生学习投入度影响更大。

总体而言，观察法与调查法所产生的调查结果较为一致。

六、结论

通过使用调查法和观察法对两个学期学生学习投入度进行分析可以发现，线下教学过程中，微视频导入课堂教学对学生学习投入度有积极的影响，微视频对学生学习投入度的积极影响更多地体现在注意力吸引、学习情绪的激发等方面，对改善课堂教学氛围、提高学习热情方面也具有很好的效果。同时，微视频的内容呈现方式与频率、内容的启发性设计等方面对学生学习投入度有较多影响，因此需要教师在实际运用中及时关注学生的反应，调整微视频内容与使用情境，如在本文研究中，第一学期影响学生学习投入度不够显著的指标经过调整后在第二学期效果改善较为明显。因此，构思与设计微视频时应关注提高启发性、降低展示性，从而有的放矢地提高微视频在课堂教学中的应用价值。

（原载于《中国海洋大学高教文丛》2021年第4期，署名：吕太锋、宋奕聪、郭佩艳）

Research on BOPPPS Mode and 4F Guiding Strategy in the Teaching Design of Mechanics

师玉荣* 李 颖 马 君■

1 Introduction

The research shows that the students' attention quickly concentrates at the beginning of a classes, it reaches its peak after 10 minutes, then decreases gradually. And the research draws a conclusion that teachers should not use the traditional lecture method for more than 30 minutes. So many teachers consider that teacher can modularize the content of courses and alternate use the two methods of the Lecture Teaching and Participatory Teaching in class. Students' participation in teaching can not only improve students' attention, but also help to train students' high-level thinking ability such as putting forward questions and innovative ability. This paper holds that the BOPPPS mode advocated by universities at home and abroad is very suitable for this modular teaching design.[1] The author practices in the course of Mechanics and makes a preliminary analysis of the teaching effect.

BOPPPS mode is the theoretical basis of Instructional Skills Workshop (ISW), which is widely implemented in Canada.[2] In recent years, BOPPPS teaching mode

---

* 师玉荣，中国海洋大学信息科学与工程学部物理与光电工程学院讲师，主要研究方向为复杂系统动力学。本文为中国海洋大学教师教学发展基金项目"基于 BOPPPS 模式的大学物理教学设计研究与实践"（2018JXJJ03）的结题成果。

[1] Cao D P, X Yin. The BOPPPS Teaching Mode in Canada and Its Implications for Higher Education Reform[J]. Research and Exploration in Laboratory, 2016, 35(2):196-200, 249.

[2] Pattison P, Ussell D. Instruction Skills Workshop Handbook for Participants[C]. Vancouver: The Instruction Skills Workshop International Advisory Committee, 2006: 1.

has been widely used in Instructional Skills Workshop in Chinese universities. It has been practiced by many teachers in teaching and achieved good teaching results.[1]

The BOPPPS mode is a teaching design mode based on constructivist learning theory. Constructivist learning theory holds that learning should be a process of constructing knowledge by students themselves, and knowledge is gradually established by students' self-understanding in the process of thinking and practice. Only when learners participate in the process of meaning and experience construction actively, true learning can take place. Learning effect depends on learners' initiative, participation degree and learning style. Therefore, in the process of teaching, students should fully participate in teaching, and teachers are more like organizers or guides. BOPPPS mode can be used in the teaching design of students' participatory teaching. BOPPPS mode divides a teaching design into six steps: Bridge-in→Outcome→Pre-test→ Participation → Post-test → Summary. This process emphasizes the students' participation, and it makes students experience an active learning process of active thinking, practice and rethink to form knowledge themselves. BOPPPS mode provides a feasible implementation method for carrying out research-based teaching reform.[2]

BOPPPS mode emphasizes students' participation in teaching.[3] How to guide students to participate in teaching effectively? The author adopts the form of "group discussion learning", which is a very popular form of participatory teaching in recent years. Many colleges and universities have built seminar classrooms for this teaching method. SMITH believes that the interaction between students can promote students'

---

[1] Han L, Ren J L. On the Teaching Reformation for Engineering Courses Based on the Concept of BOPPPS—A Case Study of Zhejiang University of Technology [J]. Journal of Zhejiang University of Technology (Social Science), 2017, 16 (1): 103-107; Li L, Ding Z, Shi J. Design of College Physics Classroom Teaching Based on BOPPPS Mode—Taking "Problems Related to Linear Motion with Variable Acceleration" as an Example [J]. Journal of Lanzhou Institute of Education, 2017, 33 (7): 106-108.

[2] Mu H, Li C.BOPPPS Model and Its Application in Research-based Teaching [J]. Shaanxi Education, 2015 (10): 27-30.

[3] Wang H P, Tian J Y. Enlightenment of BOPPPS Teaching Mode to New College Teachers for Classroom Teaching [J]. Education Teaching Forum. 2018 (20): 210-211.

critical thinking and the habits of positive thinking.[①] How to make group discussion learning more effective? The author use "4F guiding strategy" to guide students to group discussion, guide students to refine "research questions" according to factual experience, and cultivate students' critical thinking and innovative thinking ability.

Mechanics is not only a basic subject, but also a technical subject. It is closely related to life experience and the application of mechanics knowledge in life is very extensive. Combining with the application of mechanics in life, the author designs and practices a large number of "student participation in teaching" processes based on BOPPPS mode, the process of modular teaching design can show to students in tabular form. This paper summarizes the teaching practice and shares the experience with the readers.

2 Teaching design case

BOPPPS mode consists of six steps. Bridge-in make students to clarify the links between the discussion content and what they have learned or their life experience. Outcomes can help students clear what they will learn in this training. According to Bloom's taxonomy of educational objectives, the educational objectives are remember, understand, apply, analyze, evaluate, create.[②] The first two are low-level goals and the last four are high-level goals. Bloom believes that the disadvantage of the traditional teaching mode is that it mainly focuses on the low-level goals of knowledge education, so it fails to fully tap the cognitive potential of students. Therefore, it is suggested that university teaching should shift from low-level goals to high-level goals. For low-level goals, we can use "It will solve... ". For high-level goals, we can use "It will improve the ability of ...". It is very important for students to sure the objectives. At the step of participation, the author uses 4F guiding strategy to guide students' group discussion, post-test to consolidate knowledge and summary to train students' evaluation ability.

---

① Smith D G. College Classroom Interactions and Critical Thinking[J]. Journal of Educational Psychology, 1977, 69 (2): 180-190.

② Anderson L W, Krathwohl D R. A Taxonomy for Learning Teaching, and Assessing-Bloom's Taxonomy of Educational Objectives (Complete Edition)[M]. Beijing: Foreign Language Teaching and Research Press, 2009: 247.

The following example aims to deepen students' knowledge of particle kinematics through the discussion of inertial navigation. There are two navigation modes, one is GPS, the other is inertial navigation. These two navigation modes are the derivative and integral relations of Kinematical equation, velocity and acceleration of particle. In general, students do not understand inertial navigation and this example set teaching circumstances to guide students to use the particle kinematics knowledge, through group discussion to explore "the principle of submarine inertial navigation". The instructional design see Table 1.

Table 1 Instructional Design

Teaching Design	Work of teacher (Guide discussions, Control progress, Real-time Evaluation)	Work of students (Group-discussing)
Bridge-in	**Connecting the learned knowledge with the issues to be discussed:** We have known the differential relationship and integral relationship of Kinematical equation, What applications do they have? **Enlightening questions given:** Do you know how does a car navigate? How do submarines navigate underwater?	Review knowledge thinking
Outcome	① Grasp the expression and application of integral relation among Kinematical equation, velocity and acceleration in rectangular coordinate system? ② Develop students' ability to analyze and solve problems.	
Pre-test	Principle of Measuring Velocity in GPS?	Discuss to solve problem
Participation	**Fact:** The biggest advantage of submarines is the function to hide itself. Normally it won't rise to the surface. Submarines generally follow established routes and make a pre-route before hundreds of meters underwater, and mark various elements of the route (such as islands, shoals, reefs, water depth, geology, currents, sunken ships) on the chart in advance. So do you think that submarines are GPS navigation? **Feel:** Submarines can't navigate with GPS or with sonar. **Fine:** There are real-time devices on the submarine to measure the acceleration of the submarine and indicate the three-dimensional direction. Use the knowledge learned to analyze how the submarine navigates to its destination. **Future:** What else do you know about navigation?	Find and raise problems solve the problems
Post-test	**Example:** A particle move in a straight line and its acceleration is $a=4+3t$ m/s, When it starts to move, $x=5$ m, $v=0$. Calculate the velocity and position of the particle at $t = 10$ s.	Discuss to solve problem
Summary	Write a conclusion for this discussion.	Summarize

3 4F method and its application

In BOPPPS mode, the most important and challenging part is participatory learning. Teachers' guiding role is very important. This paper argues that finding problems is an innovative ability. In the guidance strategy of student participation, we should pay attention to guiding students to refine and discuss problems.

4F guiding strategy is a multi-level question-asking strategy, the combination of BOPPPS mode and 4F guiding strategy worth exploring.[①] 4F guiding strategy includes four steps: Fact, Feel, Fine and Future.

Fact-based guidance problem has the characteristics of convergence and it is a low-level thinking problem. Feel-based guidance problem has the characteristics of divergence and is a high-level thinking problem. Fine-based guidance problem is convergent, and it guide students to solve problems; future-based guidance problems are divergent, guiding students to apply knowledge to other situations. 4F guidance strategy guide students through a process of converge → diverge → converge → diverge. This process not only can train students' high-level innovative ability, but also make discussion not deviate from the theme, so that teachers can guide students to discuss more effectively. This strategy is consistent with constructivist learning theory. Constructivist learning theory holds that learning should include four steps: doing →reflection →learning →application.

Fact: based on facts, such as pictures plus descriptions, videos or experiences in daily life, guides students to understand the problems they want to study with common sense questions. Guiding goals are generally low-level thinking problems, which are convergent, such as "What do these situations have in common?"

Feel: The guiding goal is to cultivate students' innovative ability. The guiding questions are usually divergent. Similar guiding questions can be used: "Why do you do this?", "What's strange about …?" "What's the difference between these situations?" "What questions do you have about this fact?"

Fine: the guiding goal is generally low-level application, guiding students to

---

① Lu P. Research on the Reform of Classroom Teaching Design of BOPPPS and 4F Questioning Method [J]. Education Modernization, 2018, 5 (43):67−68, 83.

044

apply the knowledge they have learned to solve problems, guiding students to discuss in groups, displaying the results, discussing the results and reaching consensus.

Future: to guide students to continue to deepen understanding, guiding questions are generally divergent, guiding words can be similar to "What do you think there are such applications in life?" "Evaluate the process of group discussion." And so on.

The following is a case study of "the starting of a race". Through discussion, students can deepen their understanding and application of the moving law of mass-center and the law of angular momentum of mass-center, and train their ability to find problems and refine problems. An example of the application of 4F guiding discussion in Mechanics Teaching about "the starting of a race", and the key of one group see Table 2.

Table 2　Example of 4F Guiding Strategy, and the Key of One Group

4F guiding strategy	Leading questions	Learners' Work (Group Discussion and Problem Solving)
Fact: (Convergence)	What are the differences of body posture between the acceleration and uniform speed phases when an athlete runs a race?	Describe: People always lean forward during the starting of a race.
Feel: (divergence)	What questions can you ask about the starting process in a run race?	Questions: Why does the body lean forward?
Fine: (convergence)	Which dynamic equation can be used to explain this phenomenon?	Explanation of the problem: moving law of mass-center and the law of angular momentum of mass-center can solve this question. Tilt your body forward for better acceleration.
Future: (divergence)	Examples of life applications.	Other examples: When riding a bicycle, lean to the left when turning left.

Student'questioning in classroom is an important tool of communication between student and teacher. Mean-while it is an important issue that relating closely with teaching effect and learning positivity. It reflects directly students' involvement in classroom teaching and understanding.[1] We can see that 4F guidance strategy trains students' higher-order thinking ability effectively.

---

[1]　Yang N. The Psychological Research and Reflection on Students' Questioning in Classroom [J]. Journal of Educational Science of Hunan Normal University, 2009, 8(1): 96-99, 106.

4 Analysis of teaching effect

Data Source and Effect Analysis Basis: The object of this study is physics students of Grade 2018, Department of Physics, Ocean University of China. A total of 48 students participated in the research activities. The whole class was divided into seven groups, which has 6-7 members in each group. In the seminar classroom of our university, the members of the group sat around the table during the discussion. Questionnaires were sent out in the middle of the semester. 47 questionnaires were received. Six students were interviewed at the end of the term. This study is based on questionnaires, interview summary, final exam results and the completed job by group discussions.

4.1 Analysis of questionnaire we did a questionnaire about "attitude of the learners", the questionnaire consists of two scale questions and an open question

(1) BOPPPS learning module is very effective for your learning.

(2) You like the form of group discussion very much.

(3) In what ways do you benefit from group discussion based on 4F guiding strategy? Please write some suggestions for group discussion and study.

The result show that 52% of the students clearly believe that BOPPPS-based instructional design is effective for their learning, and 57% of the students like the form of group discussion based on 4F guiding strategy. This result shows that this model has not been accepted by most students as expected by teachers. There are two possible reasons. One is that teachers have not enough experience in applying this model. The other is related to the current situation of teaching in China. In order to enable students to achieve better results, middle school teachers always adopt teaching methods that are considered to be efficient. They always "tell knowledge to students". However, the mode that we adopt allows students to explore and learn for themselves. Some students do not adapt to this mode.

Open question shows that students generally believe that group discussion can exchange views, provide new ideas, discover and raise new problems. 4F guiding strategy make the discussion more directional and more structured, and teach them how to find and pose questions at the same time. Students think that the shortcomings are that the discussion was inadequate because of the short time, and the group leader can easily become a commentator during the discussion, which is not conducive to the thinking of other members.

4.2 Analysis of interview

The main questions of interview are: ① Do you realize the advantages of students' participation in teaching based on BOPPPS mode? Are you looking forward to learning in this module? ② What is the impact of this mode of learning on you?

First, they mentioned the impact of 4F guiding strategy on their other course, and the title of this course is Designed Physics Experiments. This course requires them to select topics independently and complete experiments independently. 4F guiding strategy makes them finish their tasks more smoothly than students from other classes.

Secondly, interviews show that this mode improves their participation in learning, their learning ability and their thinking. We also know the reasons why some students are not very involved. Some students pay more attention to their grades and think that discussion is a waste of time. Some students from remote areas have poor physical foundation and can't keep up with the rhythm of discussion.

4.3 Analysis of homework and examination

Homework based on BOPPPS mode is getting better and better, which shows that students can adapt to this form of teaching. Final exam results show that students who take the discussion seriously and always raise questions in the discussion are better in answering the open questions in the final examination. It shows that students can deepen their understanding of the problem by participating in group discussion seriously.

4.4 Suggestions for improvement

(1) Four to five members of the group are more appropriate. Too many members will lead to the inadequate expression of the group members do not have the opportunity to express their views.

(2) Let students listen to others, think from others' point of view, raise objections politely; share views and receive feedback actively; let students learn to seek help, etc. Such guidance can make the discussion atmosphere more active and

harmonious, thereby improving the effect of discussion.

(3) To let students understand the "purpose" of teachers, it seems that the process of "inefficiency" is to train students' ability of independent thinking and teamwork, while the teaching method of "efficiency" seems to be "inefficient" in the long run, so that students with conflicting psychology can change their attitude and accept this teaching method.

(4) Teachers should create an atmosphere conducive to free discussion, For example they should listen to students' views carefully, appreciate different perspectives, encourage open discussion, allow students to make mistakes, and give students time to think.

5 Concluding remarks

The students' participation teaching based on BOPPPS mode and 4F Guiding Discussion Method improves students' learning participation and teaching effect in Mechanics course. This mode can also be applied to other courses, hoping that more college teachers can apply it in other courses to improve the quality of teaching.

Although this teaching method has not been recognized by most students as expected, what we teachers should do is to improve and optimize teaching strategies, so that this "student-centeredness" teaching mode is more welcomed by students and contribute to the cultivation of students' high-level thinking.

Compared with the traditional lecture method, Students' Active Participation in Classroom Learning based on BOPPPS mode and 4F Guiding Discussion Method needs more time. In order to teach according to the schedule, we can compensate for the time by combining the knowledge points of flipping class.

This research is limited in the narrowness of its pool research participants, and more empirical research and practical application are needed to revise the mode. In addition, the objectives of different courses are different. The application-oriented exploration of the mode also needs to be studied in combination with various courses.

（原载于 *ICFET 2019：Proceedings of the 5th International Conference on Frontiers of Educational Technologies*，署名：师玉荣、李颖、马君）

教学互动策略篇

基于多维度学习动机理论的混合教学模式
学习成效分析

王巧晗*　　高勤峰　　温海深　　黄六一■

一、引言

混合教学引入中国以来,我国学者从概念、实施条件、个性化学习、本土化等方面进行了一系列研究。① 其中,混合课堂对学生学习成效的影响获得了广泛关注。② 一些研究认为混合课堂提高了学生的学习成绩和课堂参与度,对教学效果具有积极意义。③ 但是对于混合课堂促进学生学习成效的内在机制仍缺少一致性的理解,也缺少基于学习动机理论的混合课堂的有效性的研

　* 王巧晗,中国海洋大学水产学院副教授,主要研究方向为藻类生理生态学。本文为中国海洋大学教师教学发展基金项目"自主学习任务和学习动机对学习成效的影响研究——以植物学翻转课程为例"(2021JXJJ02)的结题成果。

① Hantla B F. Flip Your Classroom: Reach Every Student in Every Class Every Day[J]. Christian Education Journal: Research on Educational Ministry, 2014, 11(1): 183-188; Rocio A, Mónica S, Barbara L, Gloria C. Flipping the Strategic Management Classroom: Undergraduate Students' Learning Outcomes[J]. Scandinavian Journal of Educational Research, 2021, 65(6): 1081-1096;张其亮,王爱春. 基于"翻转课堂"的新型混合式教学模式研究[J]. 现代教育技术, 2014, 24(4): 27-32.

② 王晶心,原帅,赵国栋. 混合式教学对大学生学习成效的影响——基于国内一流大学MOOC应用效果的实证研究[J]. 现代远距离教育, 2018(5): 39-47;鲍威,陈得春,王婧. 后疫情时代线上线下学习范式和教学成效的研究——基于线上线下高校学生调查数据的对比分析[J]. 中国电化教育. 2021(6): 7-14;王巧晗,王芳,高勤峰,等. 翻转课堂和TBL结合的植物学实验课混合教学法的实践和探索[J]. 山东教育(高教版), 2019(Z2): 101-103.

③ 周晓琴,李兵绒. 翻转课堂下大学生英语学习动机实证研究[J]. 海外英语, 2021(5): 135-136;赵铮,王伟,周东岱,等. 翻转学习中的动机策略及支撑空间设计研究[J]. 电化教育研究, 2016, 37(4): 92-98.

究。有研究发现混合课堂可能会显著影响学生的学习意愿①,也有研究关注对混合课堂进行质性评价②。学习动机理论尝试用实证研究揭示促进学习的"秘密"③,学习动机影响人们学习活动的方向、学习的焦点和努力的程度,影响学生如何对待他们的学习和学习过程④。一些学者认为,提高学生的学习成效需要考虑动机和认知双重因素。⑤虽然有研究阐述了混合课堂提高了学生的学习意愿,但是并未对混合课堂中学生的学习动机进行深入研究。因此,本文拟通过大学本科"植物学"课程混合课堂和传统课堂的比较,对学生学习的量进行测量,使用学习动机和学习成效等量化研究结果,探讨混合教学是否通过提高学习动机从而对学习成效产生了影响,以期为验证混合教学成效提供直观的实证量化指标。

二、理论基础

(一)学习动机

学习动机(learning motivation)是引起学习、维持学习,并将学习导向一定学习目标的内部心理状态。⑥学习动机代表了一种学习意愿和对特定事物的关注,影响学生的学习态度和学习过程。⑦阿德克罗夫特将学习动机分为六个维度,包括内在动机、外在动机、任务价值、学习信念、自我效能和考试焦

---

① 张霞. 学习动机与努力程度对学生学习成绩的影响研究 [J]. 教育理论与实践,2018,38(15):31-33.

② 鲜丹丹,黄冠,何江. 游戏化理念下的翻转课堂对大学生自我效能感及学习动机的影响 [J]. 中国教育信息化,2021(14):6-12.

③ 卜荣华. 学习动机研究综述 [J]. 安徽工业大学学报(社会科学版),2008(4):117-119.

④ 刘敬仪,廖宇. 高校图书馆对大学生学习成效的影响研究述评 [J]. 文献与数据学报,2021,3(3):93-103.

⑤ 赵铮,王伟,周东岱等. 翻转学习中的动机策略及支撑空间设计研究 [J]. 电化教育研究,2016,37(4):92-98.

⑥ Adcroft A. The Motivations to Study of Undergraduate Students in Management: The Impact of Degree Programme and Level of Study [J]. The International Journal of Management Education, 2010, 9 (1):9-14.

⑦ 赵铮,王伟,周东岱,等. 翻转学习中的动机策略及支撑空间设计研究 [J]. 电化教育研究,2016,37(4):92-98.

虑。[①] 在整个学习过程中,学习的内在动机和外在动机是两个重要维度。[②] 学习的内在动机是指学生由于好奇心、求知欲等内在心理因素而进行学习的动机。[③] 学习的外在动机是指学生受外界诱因的驱使而进行学习的动机,如考试、记分、赏罚、竞赛等诱因产生的学习动机。[④] 有研究表明,学习的内在动机和外在动机都可以提高学生的学习成绩。学习动机作为衡量学生学习状态及其学习质量的重要指标,能够综合反映学生学习过程中的真实状态,被认为是影响学生学习成效的主要因素。[⑤] 有研究者认为,为了提高学生的学习兴趣和学习成绩,不仅要考虑学生的学习动机,还要考虑学生的认知因素,学习动机和认知之间的相互作用是至关重要的。目前,被广泛接受的学习动机策略问卷(Learning Motivation Strategy Questionnaire, LMSQ)就是基于社会认知角度,用来评估不同教学情境中学生的学习动机和认知效果的。[⑥] 同时,学习动机策略问卷属于李克特量表,通过量化的方式来表明被调查者的不同维度的动机。学习动机策略问卷能够准确反映学生的学习动机,被广泛应用于教育研究领域。[⑦] 因此,本文研究采用学习动机策略问卷来测量混合课堂对学生的学习动机的影响。

---

① Adcroft A. The Motivations to Study of Undergraduate Students in Management: The Impact of Degree Programme and Level of Study[J]. The International Journal of Management Education, 2010, 9(1): 9-14.

② 赵铮, 王伟, 周东岱, 等. 翻转学习中的动机策略及支撑空间设计研究 [J]. 电化教育研究, 2016, 37(4): 92-98; 张霞. 学习动机与努力程度对学生学习成绩的影响研究 [J]. 教育理论与实践, 2018, 38 (15): 31-33.

③ Adcroft A. The Motivations to Study of Undergraduate Students in Management: The Impact of Degree Programme and Level of Study[J]. The International Journal of Management Education, 2010, 9(1): 9-14.

④ 周晓琴, 李兵绒. 翻转课堂下大学生英语学习动机实证研究 [J]. 海外英语, 2021(5): 135-136.

⑤ 鲜丹丹, 黄冠, 何江. 游戏化理念下的翻转课堂对大学生自我效能感及学习动机的影响 [J]. 中国教育信息化, 2021(14): 6-12.

⑥ Hantla B F. Flip Your Classroom: Reach Every Student in Every Class Every Day [J]. Christian Education Journal: Research on Educational Ministry, 2014, 11(1): 183-188.

⑦ 卜荣华. 学习动机研究综述 [J]. 安徽工业大学学报(社会科学版), 2008(4): 117-119.

（二）学习成效

学习成效的内涵十分广泛，包含学科知识、实践能力、科学技能、解决问题的能力和交流与理解能力等。[①] 很多研究采用问卷方式调查学生的学习成效。[②] 例如，有的学者构建了混合式学习效果评价体系，用学习态度、合作交流、实践能力和学习成绩四项指标来评估学生的学习成效。[③] 很多研究认为衡量学习成效的基本要素是学生是否达到了学习目标，因此，可以用学生的学习成绩进行反映[④]；同时，学生的情感发展也是学生学习成效的关键因素，主要体现为学生的满意度，包括学生对学习过程的满意度、对自己学习成绩的满意度、对投入的学习成本的满意度等[⑤]。因此，本文研究通过测量学生学习成绩和学生学习满意度来衡量学生的学习成效。

三、研究设计与实施

（一）教学对象

本文研究依托某双一流高校双一流专业本科生"植物学"理论课程和"植物学"实验课程，调查了 117 名本科生，根据选课系统随机分为观察组（79人）和对照组（38人），将观察组随机分为 16 个观察小组（每小组 5 人左右）。开课前观察组和对照组学生的年龄和"植物学"课程成绩均无统计学上的显著差异（$p > 0.05$）。

---

① 刘敬仪，廖宇 . 高校图书馆对大学生学习成效的影响研究述评 [J]. 文献与数据学报，2021，3（3）：93-103；杨立军，韩晓玲 . 中美大学生学习成效评估工具研究 [J]. 高教发展与评估，2013，29（2）：8-16，104；王丽莉 . 翻转课堂课前自主学习效果及影响因素 [J]. 长春师范大学学报，2021，40（9）：183-186.

② 毛志慧，李博，钱明霞，等 . 基于证据的大学生学习成效分析 [J]. 中国成人教育，2020（11）：28-31.

③ 刘艳，王炜，江毅，等 . CSCL 的学习成效研究：2000—2020 年 [J]. 教育与装备研究，2021，37（2）：6-11.

④ 刘敬仪，廖宇 . 高校图书馆对大学生学习成效的影响研究述评 [J]. 文献与数据学报，2021，3（3）：93-103；杨柳青 . 翻转课堂应用于大学预科化学教学的准实验研究 [J]. 科教导刊，2021（23）：156-158.

⑤ 王晶心，原帅，赵国栋 . 混合式教学对大学生学习成效的影响 —— 基于国内一流大学MOOC 应用效果的实证研究 [J]. 现代远距离教育 . 2018（5）：39-47.

（二）教学实施

本文研究基于"植物学"课程中"植物的繁殖器官"教学内容，开展为期8学时的教学实证研究，其中理论课4学时、实践课4学时。

对照组的"植物学"理论课和"植物学"实验课均采用传统教学模式开展教学。

观察组的"植物学"理论课和"植物学"实验课均采用混合教学模式开展教学。具体实施如下：在16个观察小组中，每小组选1名小组长，负责组织小组分工、学习、讨论并做好记录。开课的前一周教师将资料（视频、ppt、参考资料等）上传至BlackBoard和雨课堂学习平台，由小组长组织学习和讨论，做好前期的知识准备，学生自主学习相关资料，围绕学习内容开展组内讨论。课上老师针对学生的课前学习情况进行讲解，跟进学生预习效果，针对学生讨论及回答问题情况进行评价并对重点、难点进行讲解、梳理和总结，引导学生深入、全面地分析问题、理解问题、解决问题。

教师在教学之前，利用15分钟对全体学生进行理论基础知识前测，并在教学之后利用15分钟进行理论基础知识后测。在实验课程中，实验操作以个人为单位对显微镜下的10个典型结构进行观察和鉴定，教师当堂对观察结果进行评分，记录成绩。

（三）数据来源

统计理论课成绩和实验操作成绩分析观察组与对照组学生的学习效果，理论课成绩满分为100分，实验操作成绩满分为10分。其中，理论课成绩由课前测和课后测组成。

学习动机采用MSLQ量表进行测量，共31道测题，分属6个维度，包括内在动机、外在动机、任务价值、学习信念、自我效能和考试焦虑。对6个维度下的31道测题采用7级评分法进行评分，分别为非常符合、很符合、符合、一般、不符合、很不符合、非常不符合。为了使结果更为真实可靠，调查采用匿名方式进行。

在课程结束后，以问卷形式对采用混合教学模式和传统教学模式的学生的学习满意度进行调查，采用5级评分法：非常满意、满意、一般、不满意、非常不满意。问卷调查的内容主要包括学生对混合教学模式和传统教学模式的接受程度、满意程度、学习需求的内化程度、是否有助于提高学习深度、是否提高了学习兴趣、是否提高了解决问题的能力、是否锻炼了团队协作能力等方面。为了使结果更为真实可靠，调查采用匿名方式进行。

（四）教学伦理

教师在开展混合课堂教学之前,分别向观察组和对照组学生介绍此研究,强调研究涉及的前测和后测与学生课程成绩无关,并征求学生同意。作为对对照组的补偿,教师承诺:如果教师和观察组的学生都对混合课堂教学模式感受良好,将在余下的课程教学中在对照组中也采用混合教学模式。

（五）统计学分析

采用 SPSS 22.0 对 MLSQ 量表信度及其所涉及的六个维度的相关性进行分析。

采用 SPSS 22.0 对观察组和对照组学生的理论课成绩的前测和后测、实验操作成绩以及 117 名学生不同教学模式下的 MSLQ 量表数据进行了描述性统计分析和单因素方差分析,以 $p < 0.05$ 作为差异显著标准,以 $p < 0.01$ 作为差异极显著标准。

采用 SPSS 22.0 对教学模式、学习动机与学习成绩之间的相关性进行分析。

四、结果与分析

（一）混合教学模式对学生学习成效的影响

1. 混合教学模式对学生学习成绩的影响

本文研究利用 SPSS 22.0 软件,对 117 名学生的成绩进行统计分析,结果见表 1。

表 1　学生成绩的统计分析

组别			人数 N	均值 M	标准差 SD	F	p
理论课	前测成绩	观察组	79	21.81	4.85	0.131	0.72
		对照组	38	22.18	5.95		
	后测成绩	观察组	79	78.14	18.29	68.082	0.00
		对照组	38	51.42	11.46		
理论课	提高成绩	观察组	79	56.33	18.53	70.665	0.00
		对照组	38	29.24	10.24		
实验课	观察组成绩		79	8.39	1.27	45.751	0.00
	对照组成绩		38	6.58	1.54		

"植物学"理论课，观察组学生的前测成绩（M=21.81，SD=4.85）与对照组学生的前测成绩（M=22.18，SD=5.95）相似。为了进一步检验两组学生的前测成绩在统计学上是否存在差异，本文对收集到的两组数据进行了单因素方差分析，结果显示：p=0.72 > 0.05，说明两组学生的前测学习成绩之间没有显著差异。同时，对学生的后测成绩进行了统计分析发现，观察组学生的后测成绩（M=78.14，SD=18.29）优于对照组学生的后测成绩（M=51.42，SD=11.46），两组学生的后测成绩存在极显著差异（p=0.00 < 0.01）。综上所述，观察组和对照组学生的前测成绩之间没有显著差异，观察组学生的后测成绩显著优于对照组学生的成绩。

为了进一步分析混合教学对学生理论课成绩的影响，本文对学生的提高成绩（后测成绩减去前测成绩）进行了统计分析，观察组学生的提高成绩（M=56.33，SD=18.53）优于对照组学生的提高成绩（M=29.24，SD=10.24）。为了进一步检验两组学生的提高成绩在统计学上是否存在差异，本文对这两组数据进行了单因素方差分析，结果显示：p=0.00 < 0.01，说明两组学生的提高成绩存在极显著差异，并且观察组学生的成绩较对照组学生的提高成绩幅度更大。

"植物学"实验课，观察组学生的成绩（M=8.39，SD=1.27）优于对照组学生的成绩（M=6.58，SD=1.54）。为了进一步检验两组学生的成绩在统计学上是否存在差异，本文对收集到的两组数据进行了单因素方差分析，结果显示：p=0.00 < 0.01，说明两组学生的后测成绩存在极显著差异，并且观察组学生的成绩显著优于对照组学生的成绩。

综上所述，混合教学模式下学生的学习成绩显著优于传统教学模式下学生的学习成绩，因此，混合教学模式对学生学习成绩有积极影响。

2. 混合教学模式对学生学习满意度的影响

满意度问卷调查结果（表2）显示，学生对混合教学模式的各个方面无不满意。然而，传统教学模式下有2.63%的学生对课堂"是否提高了学习兴趣"选择了"不满意"，有5.26%的学生对课堂"是否锻炼了团队协作能力"选择了"不满意"。学生对此次混合教学的接受程度和满意程度都很高，仅有2.53%的学生认为他们对混合教学模式的接受程度一般、6.33%的学生对混合教学模式的满意程度一般。同时，92.41%的学生认为，混合教学模式加深了学习需求的内化程度;98.74%的学生认为混合教学模式有助于提高学习深度,提高了学习兴趣和解决问题的能力,同时锻炼了团队协作能力。但是,在传统教学模式下,有21.05%的学生认为学习需求的内化程度一般,并且有21.05%的学生对传统课堂"是否锻炼了团队协作能力"选择了"一般"。综上所述,混合教学模式对学生的学习满意度具有积极影响。

表2　混合教学和传统教学模式下的学生学习满意度

项目	非常满意		满意		一般		不满意		非常不满意	
	混合教学	传统教学	混合教学	传统教学	混合教学	传统教学	混合教学	传统教学	混合教学	传统教学
教学模式接受程度	46.84%	28.95%	50.63%	55.26%	2.53%	15.79%	0	0	0	0
教学模式满意程度	44.30%	28.95%	49.37%	68.42%	6.33%	2.63%	0	0	0	0
学习需求内化程度	43.04%	21.05%	49.37%	57.89%	7.59%	21.05%	0	0	0	0
是否提高学习深度	58.23%	34.21%	40.51%	63.16%	1.27%	2.63%	0	0	0	0
提高学习兴趣	50.63%	13.16%	46.84%	68.42%	2.53%	15.79%	0	2.63%	2.63%	0
提高解决问题能力	43.04%	15.79%	54.43%	71.05%	2.53%	13.16%	0	0	0	0
锻炼团队协作能力	45.57%	13.16%	49.37%	60.53%	5.06%	21.05%	0	5.26%	5.26%	0

(二)混合教学模式对学生学习动机的影响

1. MSLQ 量表的信度分析

使用 SPSS 22.0 对 MLSQ 量表信度进行分析,得出 MSLQ 量表技术使用情况的 Cronbach's α 值为 0.831,在统计学标准中属于较高的可信度范围。

为了解 MSLQ 量表中 6 个维度之间的关系,本文使用 SPSS 22.0 对 MSLQ 量表 6 个维度的数据进行了相关性分析,结果如表3所示。MSLQ 量表中内在动机、外在动机、任务价值、学习信念和自我效能 5 个维度的两两维度之间均存在显著的正相关关系,即学生如果对某个维度做出了正面评价,那么其也会对其他 4 个维度进行正面评价。但是,考试焦虑与内在动机、外在动机、任务价值、学习信念和自我效能 5 个维度之间是负相关,即学生对考试焦虑的评价越低,那么其对其他 5 个维度的评价越高。此分析结果进一步印证了学生的学习动机和学生的认知之间存在相互作用,因此,在关注学生的学习动机的同时需要关注学生的认知效果。综上所述,MSLQ 量表可以被用来评估混合教学模式和传统教学模式下学生的学习动机情况。

表 3　MSLQ 数据相关性分析

维度	内在动机	外在动机	任务价值	学习信念	自我效能
内在动机	1				
外在动机	0.522**	1			
任务价值	0.632**	0.599**	1		
学习信念	0.703**	0.533**	0.555**	1	
自我效能	0.419**	0.668**	0.513**	0.456**	1
考试焦虑	-0.297**	-0.171	-0.244**	-0.225*	-0.059

注:* 在 0.05 水平(单尾)上相关显著,** 在 0.01 水平(单尾)上相关显著。

2. 混合教学模式对学生学习动机的影响

使用 SPSS 22.0 对 117 名学生在混合教学模式和传统教学模式下的 MSLQ 量表数据进行描述性统计分析和单因素方差分析,结果如表 4 所示。使用箱线图对 117 名学生不同教学模式下的 MSLQ 量表数据进行分析直观反映混合教学和传统教学对学生学习动机的影响,结果如图 1 所示。

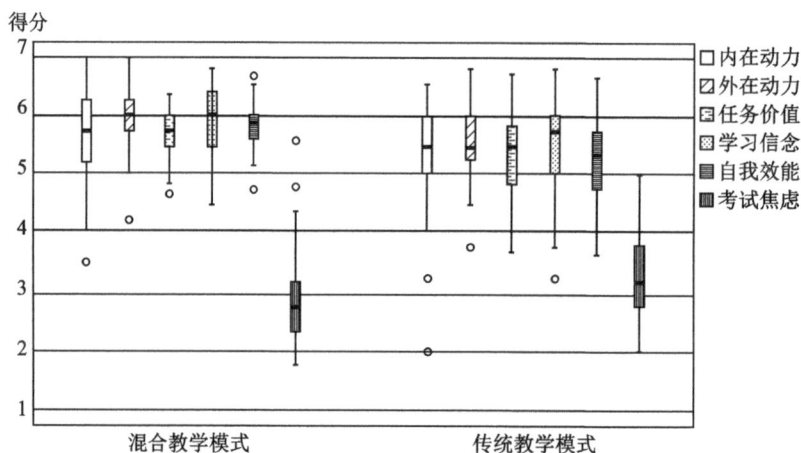

图 1　不同教学模式下的 MSLQ 量表箱线图

表 4 显示,混合教学模式较传统教学模式显著提高了学生的内在动机、外在动机、任务价值、学习信念和自我效能,同时混合教学模式较传统教学模式显著降低了学生的考试焦虑。从图 1 可知,在混合教学模式下,学生的内在动机、外在动机、任务价值、学习信念和自我效能 5 个维度的评分均在 4 分及以上,相比于传统教学模式,其 5 个维度的评分波动程度也较小。同时,混合教学模式下,学生的考试焦虑评分集中在 2.85 分左右,比传统教学模式下学生的考试焦虑评分低,并且得分波动程度较小。

表 4　不同教学模式下 MSLQ 量表中学习动机的描述性统计和单因素方差分析表

维度	项目数量	平均值 ± 标准差		F	p
		混合教学模式（n=79）	传统教学模式（n=38）		
内在动机	4	5.68±0.73	5.36±0.90	4.339	0.039
外在动机	4	5.88±0.52	5.45±0.67	15.248	0.000
任务价值	6	5.69±0.36	5.29±0.76	10.148	0.001
学习信念	4	5.91±0.55	5.51±0.82	10.802	0.001
自我效能	8	5.85±0.37	5.30±0.64	25.485	0.000
考试焦虑	5	2.85±0.74	3.32±0.73	9.3033	0.003

（三）混合教学模式、学习动机与学习成绩之间的相关性分析

为了进一步探究混合教学模式、学习动机与学习成绩之间的关系,本文使用 SPSS 22.0 对混合教学模式与学习动机、"植物学"理论课程的提高成绩和"植物学"实验课程成绩进行了相关性分析,同时对学习动机与"植物学"理论课程的提高成绩和"植物学"实验课程成绩进行了相关性分析,结果如表 5所示。

表 5　混合教学、学习动机与学习成绩之间的相关性分析

项目	维度	混合课堂	理论课程提高	实验课程
学习成绩	理论课程提高	0.615**	1	
	实验课程	0.531*		1

项目	维度	混合课堂	理论课程提高	实验课程
学习动机	内在动机	0.187*	0.023	0.041
	外在动机	0.341**	0.172*	0.139
	任务价值	0.336**	0.201*	0.186*
	学习信念	0.279**	0.185*	0.178*
	自我效能	0.477**	0.247**	0.225*
	考试焦虑	-0.292**	-0.305**	-0.173*

注：* 在 0.05 水平(单尾)上相关显著，** 在 0.01 水平(单尾)上相关极显著。

在混合教学模式与学生学习动机关系方面，混合教学模式与学生的内在动机、外在动机、任务价值、学习信念和自我效能之间也存在正相关。其中，混合教学模式与学生自我效能之间的相关性最大，相关系数接近 0.5；混合教学模式与学生内在动机之间的相关性最小。混合教学模式与学生的考试焦虑之间呈负相关。

在混合教学模式与学生学习成绩关系方面，混合教学模式与学生的理论课程提高成绩、实验课程成绩之间的相关系数值均大于 0.5，说明混合教学模式与学生的学习成绩之间存在较强的正相关。

在学生学习动机与学习成绩关系方面，学生的内在动机、外在动机、任务价值、学习信念和自我效能与学生的学习成绩之间存在正相关。其中，学习动机中的考试焦虑与学生的学习成绩之间存在负相关。

五、讨论

本文研究表明，与传统教学模式相比，混合教学模式对学生的学习动机具有积极影响，显著提高了学生的学习成效。教师通过上传学习资料引导学生完成课前学习，对学生的课前学习起到了指导作用，对学生的学习具有积极意义。

（一）混合教学模式对学生学习动机的影响

本文研究表明，混合教学模式对学生学习动机具有积极影响。混合教学模式较传统教学模式显著提高了学生的学习动机，显著降低了学生的考试焦虑。建构主义认为教师在教学过程中需要发挥指导作用,激发学生的学习兴趣,帮助学生形成学习动机。其中,学习动机可以分为 6 个维度,包括内在动机、外在动机、任务价值、学习信念、自我效能和考试焦虑。[1] 内在动机是指学习活动本身能使学生得到情绪上的满足,从而产生成功感,提供了一个促进学习和发展的自然力量,它在没有外在奖赏和压力的情况下可以激发行为。[2] 有研究表明,学生的学习主动性与其内在动机相关。[3] 当学生的学习自主性得到满足时,其内在动机也会被激发。[4] 众所周知,混合教学模式与传统教学模式相比,更加重视学生在学习过程中的自主性,学生可以灵活地运用自己的方式完成学习任务。在本文研究中,混合教学模式下学生的内在动机显著高于传统教学模式下的学生,因此,混合教学模式对学生的内在动机具有积极影响。任务价值,作为学习动机的维度之一,是学生从事学习活动的理由,学习任务越能体现学生个体的一般价值,则该任务越具有获得价值。[5] 混合教学模式显著提高了学生学习的任务价值,说明学生能够在混合教学中感知较高的任务价值,即认可课程的有用性,从而愿意用积极的方式投身于学习,这与教师在课前引导学生进行自主学习密不可分。在混合教学中,教师通过将相关学习资料上传至学习平台的方式引导学生在课前进行自主学习为学生提供了有效的预习指导,更加注重学生的主动性,更容易激发学生的任务价值感。本文研究还发现,混合教学模式与学生自我效能之间的相关性最大。同时,混合教学模式下学生的自我效能较传统教学模式下学生的自我效能显著提高。自我效

① Rocio A, Mónica S, Barbara L, Gloria C. Flipping the Strategic Management Classroom: Undergraduate Students' Learning Outcomes[J]. Scandinavian Journal of Educational Research, 2021, 65(6): 1081-1096.

② 王巧晗,王芳,高勤峰,等. 翻转课堂和 TBL 结合的植物学实验课混合教学法的实践和探索[J]. 山东教育(高教), 2019(Z2): 101-103.

③ Dichinson Leslie. Autonomy and Motivation: A Literature Review[J]. System, 1995, 23(2): 165-174.

④ 李璐. 自适应学习的内在动机对大学生自主学习效能影响的实证研究[J]. 江苏高教, 2021(11): 52-59.

⑤ 李昆. 中学生英语学习动机调控策略研究[J]. 外语教学理论与实践, 2013(1): 86-90, 85; 龚少英,韩雨丝,王丽霞,等. 任务价值和学业情绪与网络学习满意度的关系研究[J]. 电化教育研究, 2016, 37(3): 72-77.

能是学生对自己是否能成功完成学习任务的主观判断，对动机过程起调节作用。[①] 自我效能高的学生更有可能在学习过程中进行自我调节，从而更好地完成学习任务。[②] 在混合教学中，学生不仅可以主观判断能否完成学习任务，还可以通过课堂的前测和后测结果更加直观地判断学习任务的完成度。同时，本文研究显示混合教学模式提高了学生的自我效能，这也说明了混合教学模式对学生的自我效能具有积极的影响。有研究发现，学习动机和焦虑水平感有密切关系，学生的学习动机越强，其考试焦虑水平越低。[③] 本文研究中，混合教学模式下的学生考试焦虑水平显著降低，再次说明了混合教学模式对学生的学习动机具有积极影响。因此，在混合教学中，充分重视学生的学习主动性，可以激发学生的学习动机，同时有利于降低学生的考试焦虑水平。

（二）混合教学模式对学生学习成效的影响

本文研究显示，在学生学习成绩方面，混合教学与学生学习成绩之间存在显著的相关关系，而且混合教学模式下学生的成绩较传统教学模式下学生的成绩显著提高。在学生学习满意度方面，混合教学对学生的学习满意度具有积极影响。支架理论认为，教师需要在充分了解学生学习情况的基础上，循序渐进地引导学生学习，对学生学习成效具有积极影响。[④] 有研究表明，课前预习使学生明确了学习目标，了解了课程中新的概念和术语，多角度思考学习内容，是为学习新知识搭建桥梁的重要过程。[⑤] 因此，有效的课前预习对学生的

---

① 黄艳钦,李志敏. 大学生学习动机与自我效能感的相关研究 [J]. 课程教育研究,2019（5）：188,191.

② 王丽莉. 翻转课堂课前自主学习效果及影响因素 [J]. 长春师范大学学报,2021,40（9）：183-186.

③ 王爱平,车宏生. 学习焦虑、学习态度和投入动机与学业成绩关系的研究——关于"心理统计学"学习经验的调查 [J]. 心理发展与教育,2005（1）：55-59,86;郝若平. 英语成绩与成就动机、状态焦虑的相关研究 [J]. 外语教学与研究,2001（2）：111-115,160.

④ De Grave W S, Dolmans D H J M, Van Der Vleuten C P M. Profiles of Effective Tutors in Problem-based Learning：Scaffolding Student Learning[J]. Medical Education, 1999, 33（12）：901-906.

⑤ Bailey T, Forbes J. Just-in-time Teaching for CSO[J]. ACM SIGCSE Bulletin, 2005, 37（1）：366-370.

学习至关重要,也是提高学生学习成效的关键因素。同时,小组讨论也是混合教学中的重要环节。学生可以通过小组合作分工、相互激励促进彼此学习,通过互相交换所需资料和信息以及对其他成员的结论和推理过程提出疑问,提高对问题的决策质量和思考深度等。[①]有研究表明,有效的合作学习可以增加学生学业成功的可能。[②]在有明确学习目标的学习过程中,对需要深度理解知识的学习,合作学习的优势更加明显。[③]综上所述,采用混合教学模式,不仅学生可以获得学习的自主性,老师也可以根据学生课前自主预习情况高效开展课堂教学工作,同时小组讨论也能帮助学生学习,因此,混合教学模式对学生学习成绩和学习满意度具有积极影响。

六、总结

针对混合教学模式对学生学习动机和学习成效的影响问题,本文依托本科生"植物学"理论课程和"植物学"实验课程,基于植物学中"植物的繁殖器官"教学内容,开展为期两周的教学实证研究。

在学习成绩方面,混合教学模式对理论成绩的影响大于对实验成绩的影响。在学习动机方面,以往研究中极少关注混合教学模式对学生不同维度学习动机的影响,本文研究发现,混合教学模式显著提高了学生的自我效能,显著降低了学生的学习焦虑,同时发现,混合教学模式对学生外在动机的影响大于对内在动机的影响。综上所述,混合教学模式提高了学生的学习成效,对学生的学习动机也有积极的影响。

---

① 张萍.基于翻转课堂的同伴教学法 [M].北京:人民邮电出版社.2019:22-26.

② 李俏.合作学习的研究及其在英语教学中的应用 [J].课程•教材•教法,2003(6):38-42.

③ Kirschner F, Paas F, Kirschner P A. Task Complexity as a Driver for Collaborative Learning Efficiency: The Collective Working-memory Effect[J]. Applied Cognitive Psychology, 2011 (25):615-624.

经济管理综合实验教学策略实证研究

张竞元* 刘昊阳 ■

一、研究背景

经济管理综合实验(简称"经管综合实验")是近年来高校培养高素质创新应用型人才的重要途径,侧重于学生对企业运营的全方位、全过程感知,需要软硬件支持以及团队成员的密切协作。本文基于文献研究、问卷调查与师生访谈,结合具体教学实践,聚焦于两个问题:① 如何实现经管综合实验线上、线下同质等效;② 针对教学策略的多个维度,提出适配于经管综合实验在线教学的优化策略,以期为该类课程的混合教学改革提供有益参考。

二、研究设计

(一)研究依据及研究框架

近年来,关于经管综合实验的教学研究,主要聚焦于以下几个方面:朱亚莉、冯佳昕提出了应用型本科经济管理跨专业综合实验教学的四大模式;[①] 阮坚、王细萍等对翻转课堂教学模式在经管综合实验中的应用进行了探索和实

* 张竞元,中国海洋大学管理学院高级实验师,主要研究方向为企业信息化、企业决策模拟。本文为中国海洋大学教师教学发展基金项目"基于 SPOC 模式的课程激励机制设计对提升学生学习投入度的行动研究"(2019JXJJ14);中国海洋大学研究生教育改革与研究项目"双创背景下 MBA 商业模拟实训课赛结合教学模式研究"(HDJG19016)的结题成果。
① 朱亚莉,冯佳昕. 应用型本科经济管理跨专业综合实验教学模式研究 [J]. 实验室研究与探索, 2017, 36(4): 253-256.

践①;夏炜、牛红军等对经管综合实验平台的建设进行了研究②;许奕、唐菊对经管类人才综合能力培养模式进行了研究③。但经管综合实验能否在纯在线模式下开展,究竟怎样开展,能否跟线下教学达到实质等效的结果,目前尚未有学者进行相关探讨。本文以此为突破点,以美国心理学家布鲁姆的掌握学习理论为基础,主要参考了米切尔·汉德尔斯曼设计的大学课程投入度调查问卷④自编调查问卷,构建了经管综合实验在线教学策略对学生学习投入度的影响因素模型。在此模型中,学生的学习投入度为因变量,在线教学策略为自变量,在线教学策略的设计主要通过课赛结合维度、课程作业维度、课程评价维度、同伴学习维度4个维度来表达,最终验证不同在线教学策略是否可以达到与线下经管综合实验教学同质等效的成果。

20世纪60年代末,美国学者布鲁姆创立掌握学习理论。所谓"掌握学习",就是在"大多数学生都能掌握"的学习理念指导下,以集体教学为基础,辅之以经常、及时的反馈,为学生提供所需的个别化帮助以及所需的额外学习时间,从而使大多数学生达到教学目标规定的掌握标准。⑤本文基于掌握学习理论,将针对学习投入度的自变量分为以下4个维度。

1. 课赛结合维度

该维度是针对掌握学习理论中的教育目标分类理论设计的,即学生的学习行为可测量。经管综合实验的最大特点是由软件对团队经营情况进行客观评分。在课上,教师引导学生进行经营模拟的同时,还开放软件供有兴趣的学

---

① 阮坚,田小丹,王小燕. 翻转课堂在高校经管综合实验中的探索与实践 [J]. 实验室研究与探索,2019,38(3):245-249;王细萍. 翻转课堂教学模式在高校经管综合实验课程中的应用 [J]. 教育现代化,2019,6(90):148-149.

② 夏炜,张海斌. 独立学院经管类虚拟仿真综合实验管理平台建设的探索与实践 [J]. 教育现代化,2020,7(35):5-8;牛红军,张吉国,刘群,等. 高校经管类专业共享式综合实验教学平台建设 [J]. 实验室科学,2019,22(6):170-173.

③ 许奕,唐菊. 基于经管类跨专业分层递进式综合能力培养模式研究 [J]. 财会学习,2019(11):215-217.

④ Handelsman M M, Briggs W L, Sullivan N, et al. A Measure of College Student Course Engagement[J]. The Journal of Educational Research, 2005, 98(3):184-191.

⑤ 乔桂娟,李楠楠. 布卢姆"掌握学习"的理论释义与现实启示 [J]. 教育科学研究,2018(5):53-57.

生进行课后赛,以满足不同学生的学习需求。各个小组参加软件模拟比赛的客观得分一目了然,但是比赛题目涉及的经营管理原理,仍需由教师指导学生理解。在线教学模式下,在 ClassIn 平台的辅助下,教师的所有讲解都能实时录制并上传云端,这样就可以使不同学习进度的学生利用课后时间继续探索,弥补了线下教学的不足。

2. 课程作业维度

该维度是针对掌握学习理论中的矫正学习程序设计的,即必须对学生的学习成果进行及时反馈。在线教学环境中,教师评定学生对于知识的理解和掌握程度因课堂互动的减少而趋向单一,课程作业成为沟通反馈的必要环节。作业所依赖的教学平台以及作业本身的形式和内容则直接影响着学生对课程的投入及课后对于知识的巩固和再理解。在线学习模式下,该课程深度应用 Blackboard 教学平台,每次课的课前预习、课后复习任务环节均在 Blackboard 教学平台上有明确的指导,教师可以根据学生的掌握情况做出实时反馈,学生也可以看到同学的任务完成情况,相较于以往的线下经管综合实验教学模式,更能实现实时、个性化的教学,更能激发学生的学习积极性。同时,该课程作业的设计力求形式和内容的多样化,譬如制作企业经营模拟套表系统、Vlog 个人秀、协同思维导图等新颖的作业也极大激发了学生的主观能动性,提升了其学习投入度。

3. 课程评价维度

该维度是针对掌握学习理论中的教学评价理论设计的,要求对学习进行形成性评价。以往的经管综合实验线下教学中,虽然每个阶段各团队的经营表现可以通过软件的实时评分得出,但是要考察团队中每个成员的学习投入度,譬如课堂发言、作业完成度、课后学习时间等情况,对于教师来说难度很大。在线模式下,学生的每个学习行为都可以利用在线教学平台、移动教学应用软件进行统计,且网络教学平台基于大数据的统计分析可以让师生之间信息的输出与反馈及时进行。该课程尝试采用全过程考核模式,使学生对于课程的每一点投入和贡献都能在期末成绩中得以体现,在保证评分公平性的同时,也有效提升了学生的学习投入度。

4.同伴学习维度

该维度是针对掌握学习理论中的群体教学设计的。在线模式下,学习由物理空间转到了虚拟空间,如何让跨时空的学习社群免于沦为"空头小组"?如何调动成员的学习、合作积极性?该课程巧妙运用小组特色命名、"写给下一届学生的一封信"、学生出题自主检测、微信公众号团队展示等活动加强团队成员感情;通过传承前辈设计的纪念品、在课程平台上学习前辈经验、寻找信赖的前辈作为朋辈导师等活动延续团队精神,促使教与学深度融合,充分发挥学生的主观能动性,打造"社团型课程"。

(二)问卷设计

本文基于研究分析框架以及大量的质性访谈自编调查问卷《关于经管综合实验在线学习投入度的问卷调查》,涉及学生个体背景特征、在线教学策略、学习投入度测量、收获自评等内容。其中,学生个体背景特征包括性别、年级、学科、选课学期等变量。在线教学策略包括 15 个题项,经降维因子分析主要分为 4 个评价因子,分别是课赛结合因子、课程评价因子、课程作业因子、同伴学习因子。学习投入度测量包括 14 个题项,主要可归结为 3 个子维度:学业挑战、合作性学习、师生互动。采用李克特 4 级计分法,选 A 得 1 分为"总是如此",选 B 得 2 分为"时常如此",以此类推。由此在结果统计时,得分低代表学习投入度高。研究设计的主体思路是以在线教学策略题目降维后的 4 个因子作为自变量,分别对学习投入度及其 3 个子维度进行回归分析,验证哪些在线教学策略能有效提升学生的学习投入度。收获自评部分共包括 12 个题目,分别从人文素养、兴趣发展、智力技能、社会技能 4 个方面进行分析,以衡量课程的教育产出。信度分析结果表明,各个变量的 Cronbach's α 系数均大于0.7,说明自编问卷有较高的信度。

三、调查对象与数据

本文以某双一流高校选修经管综合实验的学生作为调查对象,经过数据清洗,调查数据包含有效样本 148 份。其中,男生占 42.6%,女生占 57.4%;大一学生占 49.3%,大二学生占 18.9%,大三学生占 8.8%,大四学生占 23%。

（一）课程学习投入度总体较高，且学生对于合作性学习的认同度最高

评价教学策略对于教学效果的影响，学生的学习投入度可作为重要指标。该问卷中的学习投入度测量主要分为 3 个子维度：学业挑战、合作性学习、师生互动。其中学业挑战维度又细分为行为、情感、认知 3 个子维度。

调查发现，学生的总体学习投入度为 1.7399，处于较高水平。如表 1 所示，学业挑战、合作性学习、师生互动 3 个子维度的均值分别为 1.7259、1.5923、1.8750，均低于中等强度观测值 2.5，说明学生认同程度较高。其中得分最低的是合作性学习维度，均值为 1.5923。经管综合实验团队的合作贯穿始终，每一个决策都需要协作完成，合作的频率和强度明显多于其他课程，即使采用全在线模式，各小组的互动讨论均采用腾讯会议完成，腾讯会议号共享在课程微信群中，教师可以分组巡视，答疑解惑。同时，教师特别设置了组间看盘环节，以加强组间学生的互动，而数据也表明学生对于合作性学习的认同程度最高。

表 1　总体学习投入度及 3 个子维度得分情况表

维度	均值	标准差
学业挑战	1.7259	0.4574
合作性学习	1.5923	0.5427
师生互动	1.8750	0.5865
总体学习投入度	1.7399	0.4435

（二）线上、线下可以达到同质等效，线上教学甚至有新的突破

本文依据不同学期对学生进行划分。本次参与在线教学的为 2020 年春季学期学生，另采集 2018 年秋季到 2020 年夏季共 5 期学生的数据，通过对比分析学习投入度的均值来反映教学成果。

表 2 数据表明，2020 年春季参与在线教学学生的学习投入度在 5 期学生中处于中等水平。由于教学策略的实时变化与调整，时间相近的教学效果相互比较更有借鉴意义。仅取 2019 年春季至 2019 年秋季 3 期学生数据分析可得，通过线上教学优化策略的实施，学生学习投入度逐步上升。可见，经管综合实

验可以突破以往面对面的教学模式，以有效提升学生的学习投入度。

表2　不同学期学生学习投入度均值表

选课学期	2018年秋季	2019年春季	2019年夏季	2019年秋季	2020年春季
学习投入度均值	1.7031	1.5313	1.8498	1.8444	1.8042

（三）课程学习投入度影响因素回归分析

以学习投入度作为因变量，课赛结合因子、课程评价因子、课程作业因子、同伴学习因子作为自变量建立回归模型（表3），通过分析可知，课程评价（$\beta=0.351$，$p=0.000$）、课程作业（$\beta=-0.194$，$p=0.008$）、同伴学习（$\beta=0.278$，$p=0.000$）对学习投入度均有显著影响。

课赛结合因子对学习投入度的影响不显著。教师开放软件供学生进行课后个人赛和团体赛，初衷是让学生有更多的练习机会以取得更好的经营绩效，但实证数据表明，此因子 p 为0.222，对于学习投入度影响不显著。究其原因，可能是学生课后时间不易调整及其赛果不纳入课程评价体系，故学生的参与度较低。

表3　4个因子对于总体学习投入度的回归分析

因子	β	标准误差	t	p
课赛结合	-0.089	0.032	-1.227	0.222
课程评价	0.351	0.032	4.827	0.000
课程作业	-0.194	0.032	0.258	0.008
同伴学习	0.278	0.032	3.835	0.000

（四）课程学习投入度各子维度影响因素回归分析

以学习投入度3个子维度学业挑战、合作性学习、师生互动作为因变量，仍以课赛结合因子、课程评价因子、课程作业因子、同伴学习因子作为自变量，建立回归模型（表4）。回归分析结果表明，针对学业挑战维度和合作性学习维度，课程评价因子、课程作业因子、同伴学习因子具有显著性影响；针对师生互动维度，课程评价因子、同伴学习因子具有显著性影响。可见，4个因子对于学习投入度3个子维度的验证结果与对于总体学习投入度的影响基本一致。

表4　4个因子对于学习投入度3个子维度的回归分析

因子	学业挑战		合作性学习		师生互动	
	β	p	β	p	β	p
课赛结合	-0.061	0.410	-0.016	0.831	-0.141	0.061
课程评价	0.276	0.000	0.321	0.000	0.328	0.000
课程作业	-0.263	0.001	-0.207	0.007	-0.012	0.875
同伴学习	0.257	0.001	0.153	0.047	0.280	0.000

四、提升学习投入度的在线教学策略

本文不仅通过描述性统计揭示出学生对经管综合实验的学习投入度的整体水平，而且采用回归分析方法洞察学生学习投入度的影响因素。研究发现，学生学习投入度总体水平较高。结合数据分析及质性访谈，从在线教学策略的角度分析发现，影响学生学习投入度的因素主要有课程评价维度、课程作业维度、同伴学习维度、课赛结合维度等方面（图1）。这些发现对优化在线教学策略，特别对经管综合实验应用混合教学模式提供了有益的参考。针对这些发现，我们可以从以上多个维度着手，进一步提升学生的学习体验。

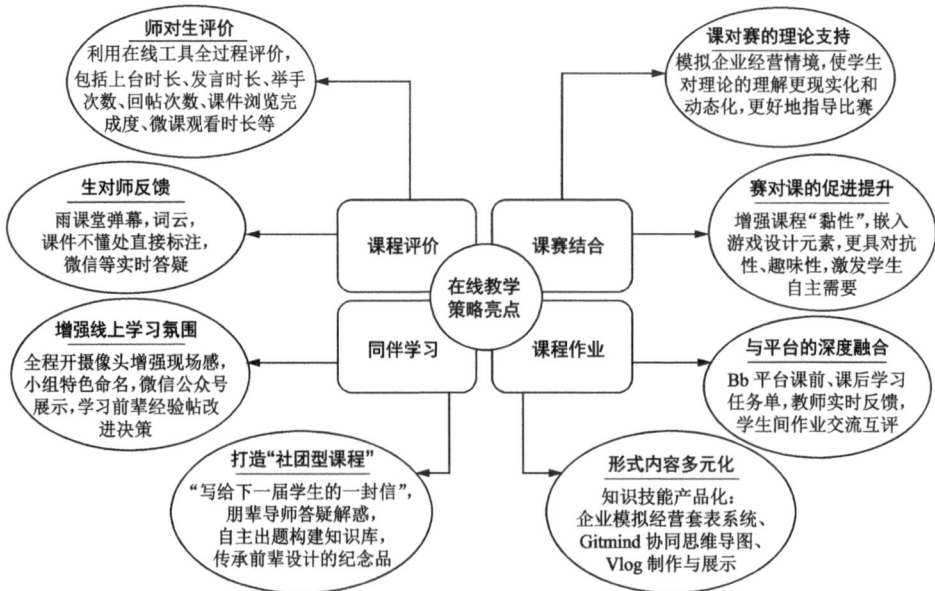

图1　在线教学策略

（一）合理运用在线教学平台工具，进行课程的全过程评价

线上教学与线下教学相比，最大的优势和特色就是在线教学工具的多样化。教师可以利用多种工具为教学服务，并且可以对学生的学习行为进行精准统计。譬如，企业模拟运营平台自动评分；学生登录模拟运营平台的总体在线时长统计；雨课堂课件难点、学习完成度跟踪；ClassIn 平台上台时长、发言时长、举手次数以及云端录屏的观看次数等；小组汇报问卷星实时扫码互评；Blackboard 平台（简称"Bb 平台"）的登录次数、回帖次数、微课观看时长。这是以往线下教学不可能完成的，学生的每个学习行为、对于课程和团队的每一点贡献，都可以纳入期末成绩的考评中。这样，以往经管综合实验的阶段性考评就可以转化为全过程评价，将教学数据分析高效化、成绩透明化，通过对学生更多、更细、更高频的学习行为分析，发挥课程评价的导向和激励作用，真正实现"互联网 + 教育"，并以此提升学生在线学习的专注度。

（二）把作业打造成作品，力求作业形式和内容的多元化

课程作业往往是很多经管综合实验类课程较为忽视的环节，特别是对于连续 1～2 周集中式上课的课程，学生全天候都在进行模拟操作，往往没有课后作业的环节；而对于按教学周分散式授课的课程来说，以往线下作业的形式和内容较为单调，多数教师仅仅是布置实验报告，让学生对模拟经营情况进行汇报和总结，教师难以明晰学生对经管原理的应用和理解程度，且这种形式对于学生学习投入度的提升效果有限。

在线教学模式下，师生、生生间的物理距离被拉大，对于经管综合实验这类需要团队密切配合完成的课程而言，线上作业成为教学沟通与反馈中的重要一环，并且作为课后团队协作的成果服务于课堂。经管综合实验的教学目的在于激发学生对于商业世界的兴趣，帮助学生打开商业世界的大门。教师的作用在于引导，通过课程作业的设置，有效引导学生自主学习。譬如，模拟经营的成败很大程度上依赖于对经营数据的分析判断，教师引导学生从自身角色出发，制作角色决策表格和企业经营模拟套表系统，以成倍提升决策的效率和效果。又如，引导学生自主学习课程相关知识，制作协同 Gitmind 思维导图，即一个知识体系中的每个分支由不同的学生完成，通过对体系的共同构建加深对知识的理解，这种新奇的体验让学生的学习兴趣倍增。以往线下课程

即将结束的时候,往往需要各小组上台汇报总结。而在线教学模式下,教师设计了另一种作业形式——个人视频博客秀,即要求学生将自己的经验体验、应用的理论依据以及现实中的案例相结合,制作视频博客秀,与其他小组进行交流互评。视频博客秀对于很多学生来说是第一次,内容编排、脚本设计、出镜方式等方方面面都是考验,也是挑战。学生的最终成果不仅要提交给教师,更需要在团队微信公众号上展示,将学到的知识技能"可视化",形成他们的"最小化可行产品"。这种作业方式让很多学生感到压力倍增,但完成作业后他们真正体会到了学习的获得感和满足感,也大大增强了团队荣誉感。可见,作业形式和内容的多元化,可以有效提升学生的学习投入度。

(三)增强线上同伴学习氛围,打造"社团型课程"

线上教学的难点在于如何提升课程"黏性",即如何使学生的注意力专注于课堂。在线教学时,多数教师并不强制要求学生开摄像头,但为了增强学习的现场感,笔者认为,开摄像头是必要且有效的。尽管很多学生一开始感觉不自由、压力大,但由于经管综合实验类课程强交互的特点,进行视频交流的学习效果明显优于仅通过语音交流。此外,腾讯会议等线上工具的便利使用,可使各小组的线上、线下交流突破时空限制,也有利于同伴学习氛围的营造。

学生出题自主检测是增强同伴学习氛围的另一有效手段,能够真正体现以学生为中心的教育理念。学生在学习过程中遇到了哪些问题,学生自己最清楚。学生出题自主检测,学生间互相比赛,由出题人负责解答的方式能有效增强学习氛围,提高学生对于课程的主人翁感。

同伴学习不仅指一个班级内的学生相互学习,其实每一届学生之间也可以建立有机联系,实现同伴学习。线上教学平台的引入,不仅可以将课程所有的文本、视频等学习资源分类呈现,还可以将学生每一次的体验、每一环节遇到的问题以及解决方案进行呈现。这样,下一届学生登录课程平台时,所看到的不仅是教师提供的资源,更珍贵的是以往每届学生的经验和体会。

"写给下一届学生的一封信",是该课程增强同伴学习氛围的一大特色。大学的课程往往一个学期就结束,每一届学生之间往往没有联系,白白浪费了同伴学习资源。实践表明,同伴学习往往比教师的单向教授更有效。本文研究的质性访谈环节,主要是通过"写给下一届学生的一封信"实现的。教师设计几个结构性问题,譬如本学期上课的感受、学到了什么,如何能学好这门课,对课程的意见和建议等,学生以课程前辈的视角,给下一届学生提出意见和建议。而新一届学生学习课程的初期,教师会要求他们根据这封信找一个信赖的前辈作为朋辈导师,帮助其答疑解惑。这种方式得到了每届学生的认可。

同时,笔者采用小组特色命名、微信公众号团队展示、传承团队前辈设计的纪念品等方法调动学生的学习、合作积极性,延续团队精神。通过团队意识的培养,学生相互促进、共同学习,有效提升了对课程的学习投入度。

(四)课赛相互促进,优化课赛结合模式

课程结束后,笔者通过与学生进一步访谈发现,学生对课赛结合的教学模式认可度较高,与数据结果显示不符。分析得知,问卷题目为"我认为课后的个人赛和团队赛对课程学习的影响是",仅表明学生对于课下的"加赛部分"兴致不高,并不能很好地反映课赛结合因子对于课堂上学习投入度的影响。学生对课程额外作业的接受度不高,学生课后时间不易调整且赛果不纳入课程评价体系,使学生的参与度较低。因而在后续的教学中,课后加赛仅供有兴趣的学生进行,以满足不同学生的学习需求,不作为额外任务呈现。课赛结合作为经管综合实验的主要组成部分,应该不断优化升级综合实验项目,强化对专业知识的理解与运用,探索与课程作业、课程评价、同伴学习维度的有机融合,开发跨专业、跨学科实验课程,激发学生学习的内驱力,让学生真正体验学习的乐趣。

五、结论与展望

综上,本文通过建构经管综合实验在线教学策略对学生学习投入度的影响因素模型,验证了通过有效在线教学策略的实施,经管综合实验完全可以与线下教学同质等效。

在信息化教育的今天,大量的信息与知识已不再局限于书本。如何转变教、学、评的思路,将线上教学与线下教学有机结合,仍需要我们不断探索。

面向大学生的双混合型学术写作教学策略研究

张　银*■

一、大学生学术写作中的问题分析

学术写作被视为高等教育阶段学术素养培养的核心和保证，要求学生既有对学科专业的理解，也有对学术主题的批判性思考，更要有基于论据支撑的合理论证和运用学术专业词汇组织与表达见解的能力。[①]大学生需要开展专业知识和技能学习，有很多机会参与学术写作。例如，完成某门专业课程的学术写作作业，撰写学位论文或准备学术文章发表等。学术写作具有较强的学科性、综合性以及批判性，是对学生专业学习水平的综合考察，因此常作为重要的课程或者学业评价指标。对于很多刚刚进入专业领域开展学习的大学生而言，学术写作与他们之前在高中阶段所接触的写作方式存在较大差异，完成学术写作是一项具有挑战性的任务。研究表明，学生在学术写作中常见的问题有：对写作内容和形式难以把握、文献理解能力差、难以提出观点、缺乏文献使用知识和技巧以及文本抄袭。有学者进一步指出，这些问题之间存在一定的关联性，当学生无法理解文献或无法基于文献论据提出观点时，重复使用文献文本内容或无法合理使用文献的情况就会频现。如果这些情况得不到及时的干预，文本抄袭就不可避免了。[②]

* 张银，中国海洋大学基础教学中心副教授，硕士生导师，主要研究方向为技术支持的学术阅读和写作、信息素养。本文为青岛市社会科学规划研究项目"青岛推进学习型城市建设的微观实证研究：探索全民阅读推广的新路径"（QDSKL1801023），中国海洋大学教师教学发展基金项目"基于 ICT 的学术研究论文写作问题诊断及教学干预"（2019JXJJ11）的结题成果。

① Hyland K. Writing in the University: Education, Knowledge and Reputation[J]. Language Teaching, 2013, 46(1): 53-70.

② Gullifer J, Tyson G A. Exploring University Students' Perceptions of Plagiarism: A Focus Group Study[J]. Studies in Higher Education, 2010, 35(4): 463-481.

近年来,尽管学术写作教学已在高等教育领域陆续开展,但是笔者发现,现有学术写作教学在帮助学生规避抄袭风险方面存在很大的局限性。主要表现为,一方面,尽管很多教师在布置写作任务时提醒学生避免抄袭,却很少向学生提供避免抄袭方面的知识和技术指导;而且当前的学术写作教学多重视词语运用、语法结构等方面,却忽视文献使用,使学生常因文献使用不当而引发抄袭问题,例如,将文献的文本内容或观点加入作品中而不标注引用来源。另一方面,与专任学术写作教师相比,来自其他学科的专业教师很少关注学生写作中可能存在的文献使用不规范,甚至抄袭等问题。[①]

针对上述问题,本文以学术写作中的文本抄袭和文献使用问题为研究内容,提出一种双混合型学术写作教学策略,并通过实证研究验证该教学策略的有效性。

二、ICT 支撑下的双混合型学术写作教学

与传统学术写作教学相比,基于 ICT(即信息和通信技术,Information and Communication Technology)的双混合型学术写作教学以促进学生对文本抄袭和文献使用问题的理解以及问题解决为目标,主要有以下三个特点。

一是强调对新 ICT 工具的设计和使用。尽管当前已有不少面向学术写作的 ICT 工具,如 Criterion,MyAccess,Dwright,但是鉴于现有 ICT 工具强调资源提供而忽视对写作过程和交互的关注等问题,笔者基于开源学习内容管理系统 Moodle 设计开发了新 ICT 工具。该工具是一款在线写作软件,不仅支持教师对于学生写作过程的指导,而且提供了促进交互协作的互评机制。更为重要的是,该工具能够提供文本分析和抄袭问题分析结果供师生诊断写作状态和水平。

二是强调线上和线下学术写作教学活动的融合以增强教学效果、提高教学的灵活性。此外,学术写作教学策略的提出也源于当前学术写作教学师资的不足,希望 ICT 能够在弥补师资不足的情况下为学术写作教学提供更丰富的学习空间和资源。

---

① Pecorari D. Teaching to Avoid Plagiarism: How to Promote Good Source Use[M]. New York: McGraw-Hill Education(UK),2013:27-31.

三是强调学术写作教学与专业课程教学的融合。将学术写作教学引入专业课程的学术写作任务中，引导学生通过"做中学"获得文献使用和规避抄袭的知识、技能。图1为该教学策略设计方案。由图1可见，该教学策略由线上和线下教学活动组成，教学活动围绕学生的学术写作任务展开，而写作任务的内容和要求则根据专业课程教学内容决定。此外，借助在线写作系统，专业课程教师能够对学术写作过程进行整体监控和教学指导（图中白色箭头表示对学术写作教学活动产生作用的因素）。

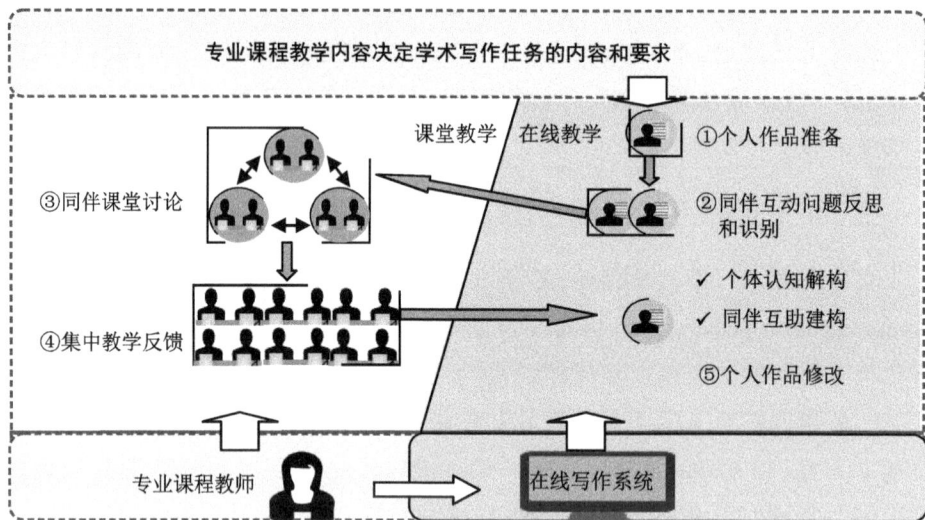

图1　ICT支撑下的双混合型学术写作教学策略设计方案

为了促进学生对文献使用和文本抄袭问题的理解以及问题解决，笔者在学术写作教学策略设计中引入混合教学的理念，提出了基于ICT的双混合型学术写作教学方案，具体设计如下。

1. 将学术写作教学与专业课程教学融合

现有的学术写作教学多是由学术写作教师以课程的形式独立开展，而且存在忽视文献使用以及无法有效应对文本抄袭的问题。为此，本文借鉴了"做中学"的教育理念，提出将学术写作教学引入专业课程的学术写作任务中。这一做法的优势在于：首先，学生在完成真实学术写作任务的过程中接受指导，能够在遇到文献使用和文本抄袭问题的第一时间得到教学支持，保障了教学干预的及时性;其次,与写作课程中的写作训练相比,专业课程中的学术写作任务能反映学科特点,因此学生在专业课程教师的指导下完成学术写作任务更符合学术写作教学的长远目标,即学术素养培养;最后,与局限于固定教学时长的学术写作课程相比,在专业课程中开展学术写作教学能够保障写作教学的连续性和长期性。如果学生自进入大学就在不同的专业课程中获得持续的写作教学支持,那么他们的文献使用和规避抄袭风险的能力将得到增强,学术写作质量和水平也将获得持续稳定的提高。

2. 将线上教学与线下教学融合

线上和线下教学融合主要是为了实现三个目标:增强教学效果、提高教学的灵活性以及提升教育成本效益。[1]除了以上三个目标外,还为了解决当前学术写作教学中的现实问题:师资不足。师资不足一直是影响高等教育阶段学术写作质量的一大难题。首先是承担学术写作教学的师资数量严重不足;其次,在应对文献使用和文本抄袭问题时,很多教师缺少教学经验。[2]时间、精力、知识以及教学经验会影响专业课程教师开展相关学术写作教学的意愿和动机[3],但是我们不能在师资问题解决后再进行教学。在师资不足的现实问题面前,曾有学者指出,信息和通信技术可承担起部分教学角色。[4]为此,笔者基于开源学习内容管理系统 Moodle 设计开发了在线写作系统,以支持学术写作在线教学和学习。

(1)在线写作系统设计。

在线写作系统的功能构架包括"作品准备模块""作品互评模块""互动

---

① Graham C R, Allen S, Ure D. Benefits and Challenges of Blended Learning Environments Encyclopedia of Information Science and Technology[M]. Hershey: IGI Global, 2005: 253-259.

② Tomaš Z. Addressing Pedagogy on Textual Borrowing: Focus on Instructional Resources[J]. Writing & Pedagogy, 2010, 2(2), 223-250.

③ Séror J. Institutional Forces and L2 Writing Feedback in Higher Education[J]. Canadian Modern Language Review, 2009, 66(2): 203-232.

④ Liu G Z, Lo H Y, Wang H C. Design and Usability Testing of a Learning and Plagiarism Avoidance Tutorial System for Paraphrasing and Citing in English: A Case Study[J]. Computers & Education, 2013, 69: 1-14.

交流模块"以及"作品分析模块"。其中，"作品互评模块"支持学生评价同伴的作品并在互评中反思自己的作品。在"作品分析模块"中，学生的作品以可视化的方式供教师进行质量评价（具体从任务回应、组织结构、语词运用以及文献使用四个评价维度进行）。

与以往的学术写作 ICT 工具相比，在线写作系统的重要特色功能是同伴互评和作品分析。有学者曾指出，学术写作是一项技能学习而非知识习得，应改变传统相对孤立的写作教学方式，鼓励学生以多角色积极参与、和同伴互动。[①] 因此，提供同伴互评机会是在线写作系统的设计初衷。

"作品分析模块"是在线写作系统的另一个重要功能。随着学术作品中的抄袭问题日益严重，研究者们已设计了大量 ICT 工具用于抄袭检测，如 Turnitin，ArticleChecker 等，并在世界范围内得到应用。在我国，以中国知网的学术不端文献检测系统为代表的汉语抄袭检测工具也已经在全国各个高校得到广泛使用。但是，这些工具的应用效果并不理想，主要原因在于，除了提供检测结果外，现有工具无法为学生提供任何教学、学习反馈，学生更无法通过这些工具获得关于改善和提高自身学术写作能力的知识和技巧。为了让作品检测服务于学术写作教学，笔者在在线写作系统中加入了"作品分析模块"。该模块可以将学生的作品与已有文献进行文本对比，在提供抄袭分析结果的同时，支持教师和学生在线对作品中存在的问题，如文献引用情况、相似或连续复制文本字块数量等进行诊断分析。

（2）线下活动设计。

为了更好地实现前文所提出的学术写作教学目标，教师应重视线下的面对面教学。具体来说，在实施同伴互助过程中，学生对同伴的评价会产生认同、质疑甚至反对等心理变化，进而有较强烈的面对面沟通需求。这就需要教师组织面对面的课堂讨论活动，以使学生对有争议的学术写作问题展开讨论。教师可以进一步就学生所讨论的典型文本抄袭和文献使用问题进行教学反馈。

---

① Pecorari D. Writing from Sources, Plagiarism and Textual Borrowing[C]. Boston：Walter de Gruyter, 2016：329.

三、实证研究及发现

为了验证 ICT 支撑下的双混合型学术写作教学方案的效果,笔者开展了实证研究,研究对象为我国某师范大学教育学专业的 121 名大学一年级学生。学生被分为实验组和控制组,在学术写作过程中,实验组学生借助 ICT 工具(即在线写作系统)参与混合型学术写作教学活动。与实验组相比,控制组学生不参与混合型学术写作教学,但是也能接触到相关学习资源,不同的是,控制组学生仅对资源进行自主学习。

实验数据来自两个方面:学生的反馈问卷和所提交的写作作品。反馈问卷由实验组学生在提交论文最终稿后完成,用于了解学生参与混合型学术写作教学的感受和体会以及对新设计的 ICT 工具效能的反馈。实验组和控制组学生所提交的写作作品由笔者和课程教师借助在线写作系统的"文本分析模块"进行分析和评价,以了解两组学生的作品在写作质量上的差异。

通过分析学生的反馈数据,笔者发现,学生对 ICT 支撑下的混合型学术写作教学表现出较高的满意度,对问卷第一部分所有问题的评价都高于李克特量表的平均值(3.5)。大部分实验组学生认为该教学方案有助于提高他们在识别和避免文本抄袭方面的能力。

经过混合型学术写作教学的干预,实验组学生的作品在四维度写作质量评价中的分值都高于控制组学生的作品,尤其在"组织结构"和"文献使用"两方面与控制组学生的作品存在统计学的显著差异。而且,干预后实验组学生作品中的抄袭程度大幅下降,学生作品中的最大连续复制文字数量从 85 个中文汉字(均值)降至 52 个中文汉字。这一结果与控制组学生作品中的抄袭程度存在统计学上的显著差异,说明本文提出的 ICT 支持下的混合型学术写作教学不仅提升了学术写作质量,而且有助于降低文本抄袭程度。

总的来说,实证研究取得了较为理想的效果。ICT 支撑下的双混合型学术写作教学方案不仅促进了学生在认知层面对文献使用和文本抄袭的理解,而且使学生在文献使用和避免抄袭方面有较好的表现。

四、结论和展望

本文针对学术写作中的文献使用和文本抄袭问题,在剖析现有学术写作教学局限性的基础上提出了基于 ICT 的双混合型学术写作教学方案,并且通过实证研究验证了该方案的积极教学效果。实证研究表明,该教学方案不仅能有效促进学生对于文献使用和文本抄袭的认知和理解,而且能够引导学生习得相关的学术写作技能,有效提升了写作质量。由于本文提出的学术写作教学方案是通过干预专业课程中的学术写作过程而发挥作用的,学生对该教学方案的积极反馈将鼓励该方案在不同专业课程的学术写作任务中获得广泛应用。此外,学生对于新 ICT 工具效能的较高评价也将提升专业课程教师对于该工具的认可度和使用度,促使该工具在更广泛的学生群体中使用,从而帮助更多学生改善学术写作质量。

（原载于《高教学刊》2020 年第 13 期,署名:张银）

学习过程研究篇

网络教学平台数据反馈学习绩效能力的有效性实证研究

宋丽娜* 尉 依▇

一、问题提出

随着教育信息化逐步深入，依托各类教学平台的线上课程建设越来越受到重视，教师投入了大量的时间和精力打造线上课程。与教师的热情相比，线上课程却受到学生冷落。一方面，学生对网络资源视若无睹，少有学生在课程学习期间长期主动地坚持学习网络资源；另一方面，学生仅着眼于完成当前线上学习任务，懒于动脑，缺少交流与合作，难以达到预先设定的深层学习目标。

为解决上述问题，本文重点研究从教学平台上收集的学习行为数据与学习绩效之间的关系，找出最能反映学生学习情况的数据类型，以便有根据地设计网上学习资源和学习任务，重构网络学习支持平台，引导学生充分利用网络资源，养成在线学习的意识和习惯。

二、研究现状

网络学习行为数据来源于教学平台，是学习者使用平台资源和工具的过程中自动产生、存储的数据。网络学习行为数据的研究主要分为理论研究和教学实践研究两个方面。

在理论研究方面，主要包括网络学习的行为数据挖掘、行为分析模型构建和网络教学评价三个方面。李葆萍等指出教育大数据技术推动了教育评价中

* 宋丽娜，中国海洋大学工程学院副教授，主要研究方向为工程成图技术、机械设计、高等工程教育。本文为中国海洋大学教师教学发展基金项目"促进深度学习的网络教学活动的实证研究"（2019JXJJ03）的结题成果。

数据驱动决策的实现,为教育评价和学生评估提供了良好的支持[①];郎波等分析了教学平台过程数据的特征聚类,划分了不同学习能力等级[②];胡艺龄等对网络学习行为数据进行了特征提取和关联分析[③];黄天慧等提出分析学习满意度和学习成绩两个方面的数据,来评估学习者的学习绩效[④]。

在教学实践研究方面,韦健利用教学平台数据设计了混合式形成性评价的具体内容及比重[⑤],李爽等对在线学习行为投入测量指标进行了统计分析,指出在线学习具有显著的绩效导向特征[⑥];孙丙堂等设计和实施了评估实验,指出形成性评估对自主学习有正面反拨效应[⑦]。

综上所述,网络学习行为数据研究呈现多元化特征,研究者大多专注分析模型的建立和学习绩效的评价,但对学习行为数据反馈学习绩效能力的实证研究比较少见。

由于网络学习行为数据来源于教学平台,不同的教学平台提供可采集的数据类型和学习支持策略有所不同。在各类教学平台不断涌现的当下,线上课程的建设者如果不深入了解教学平台提供的数据类型和支持策略及其与学生学习需求、学习绩效之间的关联的话,可能导致教师花费大量精力打造的线上课程却无学生理会。因此,有必要开展教学平台数据对学习绩效反馈作用效果的研究工作,为教师选择教学平台建设线上课程提供理论依据。

---

① 李葆萍,周颖.基于大数据的教学评价研究[J].现代教育技术,2016,26(6):5-12.

② 郎波,樊一娜.基于深度神经网络的个性化学习行为评价方法[J].计算机技术与发展,2019,29(7):6-10.

③ 胡艺龄,顾小清,赵春.在线学习行为分析建模及挖掘[J].开放教育研究,2014,20(2):102-110.

④ 黄天慧,郑勤华.学习者数字化学习绩效的影响因素研究综述[J].中国远程教育,2011(7):17-23,95.

⑤ 韦健.基于网络学习平台的大学英语教学形成性评价初探[J].高教论坛,2019(2):28-32.

⑥ 李爽,王增贤,喻忱,等.在线学习行为投入分析框架与测量指标研究——基于 LMS 数据的学习分析[J].开放教育研究,2016,22(2):77-88.

⑦ 孙丙堂,陈建生,陈清.形成性评估反拨自主学习的效应研究[J].北京第二外国语学院学报,2011,33(4):65-71.

三、研究设计

为确保真实有效地反映网络学习行为与学习绩效的关系，本文研究所用的数据全部来自某混合式教学课程的实际教学过程。某班 79 位学生于 2018 年春季学期使用清华教育在线平台（简称"清华在线"）和雨课堂教学平台（简称"雨课堂"），本文连续采集这 79 位学生在此学期的网络学习行为数据进行分析。

（一）建立课程教学系统架构

该课程的教学系统由课堂教学活动和网络教学活动两部分构成。网络教学活动分别在清华在线和雨课堂两个教学平台上展开，包含预习、问答、讨论和在线测试等教学环节。

（二）分析两个教学平台对网络学习的支持策略

清华在线是提供多种静态学习资源和学习工具的综合在线教育平台，课程资源类型全面，能够进行粗略的教学数据统计。

雨课堂能实时向学习者手机推送 PPT、测验、问卷调查等学习材料，学习者可以在线发送弹幕、投稿、参加讨论及提交学习任务成果等，可以采集详细的教学过程数据。

（三）确定采集的网络学习行为数据类型

本文研究采集清华在线的"在线时长"作为表征学生自发性网络学习行为的量化指标，采集"网上测试成绩"作为衡量学生学习绩效的过程评价指标；采集雨课堂的"答题成绩"作为衡量学生学习绩效的动态评价指标。

四、研究结果

（一）在线时长数据分析

2018 年春季学期期末复习开始前，清华在线平台在线学习时长在 60 分钟以内的学生人数占总人数的 84%；期末复习开始后，在线时长在 60 分钟以内的学生人数降为总人数的 19.74%。这一现象表明，学生一方面对网上资源缺乏兴趣，没有在教学平台上学习的习惯；另一方面，学生对与成绩直接相关的学习活动投入较多,应试意识对学生学习行为深具影响,很难消除。教师可以利用这一特点,在课程学习过程中,适当增加在线测试的次数。

(二)网上学习行为数据的 SPSS 统计相关性分析

为明晰网络学习行为与期末考试成绩的相关程度,笔者分别以清华在线网上测试成绩(或雨课堂的答题成绩)为自变量、期末考试成绩为因变量,用 SPSS 软件对全班学生的成绩进行 Pearson 相关性分析和 Spearman 非参数相关系数分析,得到的统计结果如表 1 和表 2 所示。

表 1　清华在线网上测试成绩占期末考试成绩的有效性分析

统计分析方法	系数	显著性(单侧)	置信度(单侧)
Pearson 相关性分析	0.385**	0.000	—
Spearman 非参数相关系数分析	0.338**	—	0.002

注:** 在 0.01 水平(单侧)上显著相关。

表 2　雨课堂答题成绩占期末考试成绩的有效性分析

统计分析方法	系数	显著性(单侧)	置信度(单侧)	结论
Pearson 相关性分析	0.509**	0.000	—	显著相关
Spearman 非参数相关系数分析	0.537**	—	0.000	显著相关

注:** 在 0.01 水平(单侧)上显著相关。

从表 1 和表 2 可知,Pearson 相关性和 Spearman 非参数相关系数的统计结果一致:网上测试成绩、答题成绩与期末考试成绩显著相关。由此可以得出如下结论:教师可以根据平台在线测试或问答类数据预测学生的期末考试成绩。

对两个教学平台的网络学习行为数据的统计结果进行比较,可以发现清华在线网上测试成绩的 Pearson 相关性系数 0.385 小于雨课堂答题成绩的 Pearson 相关性系数 0.509,清华在线网上测试成绩 Spearman 非参数相关系数 0.338 也小于雨课堂答题成绩的 Spearman 非参数相关系数 0.537 且概率值 0.002＞0.000。由此可知,雨课堂统计的答题成绩数据更能反映学生的学习情况,对学习绩效的反馈能力更强。

五、结论

综上所述，网络教学平台数据可以有效地反馈学习绩效，但不同的平台数据反馈能力不同。在选用教学平台时，教师应选择具备多种数据类型采集能力的平台，利用平台数据了解班级整体的学习情况，确切掌握学生个体的学习动态，以便实施针对性的教学指导，达到有效教学的目的。

（原载于《中国多媒体与网络教学学报》2019 年第 10 期，署名：宋丽娜、尉依）

同伴互评对学生漫画创作能力的影响研究

郑　鑫*　李　刚▉

一、引言

随着教育理论和实践研究的日渐深入,教育理念的不断丰富、教育环境的变化、学生者学习行为和习惯的变迁使教育面临挑战。教师需要了解教育前沿,愿意付出时间和精力尝试新的教学方法,以不断提高学生的学习成效。

艺术创作类课程,尤其是创作实践部分,传统的教学模式是教师教授后学生实践,然后教师点评反馈,学生修改完成。这种模式下,教师和学生个体交流较多,小班制比较适合。随着高校扩招,班级人数增加,很多课程引入了项目法。项目法采用小组合作模式,除了师生互动外,组内同学有了交流、互动,但主要是参与者之间的合作式互动。

本文在漫画创作教学中,引入了同伴互评的方法,对下面两个问题进行了研究:① 在漫画创作教学中采用同伴互评能否提高学生的作品成绩? ② 同伴互评在哪些方面能够促进学生的创作水平? ③ 学生对同伴互评的态度。

二、理论依据

1. 同伴教学法

20 世纪 80 年代,哈佛大学物理系教授马祖尔创立了同伴教学法。同伴教学法最先被应用于哈佛大学基础物理课程,后被许多国家和地区的学校在不同课程中采用、推广。

同伴教学法改变了课堂演示的传统教学方式,使学生更多地参与教学。

＊ 郑鑫,中国海洋大学文学与新闻传播学院讲师,研究方向为漫画、新媒体艺术。本文为中国海洋大学教师教学发展基金项目“漫画创作教学中同伴互评对学习成效的影响研究”(2019JXJJ15)的结题成果。

同伴教学法的创新之处在于教师在课堂上先通过问题引发学生思考,再展开小组讨论。同伴教学法的目的是在课堂上利用学生的互动,把他们的注意力集中在对本质概念的理解上,"有时候,学生比教师更能有效地向彼此解释概念"。小组讨论可以使学生获得不同的观点,重新审视、判断自己原来的观点,向同伴阐述自己的观点、说服别人,这一系列同伴之间的互动提高了学生的思维能力。①

2. 过程教学法

过程教学法由麦肯齐和汤普金斯于 1984 年提出,被广泛应用于外语写作教学。"写作是一个循环式的心理认知过程、思维创造过程和社会交互过程。"②过程教学法非常重视反馈的作用,强调写作过程不是一次完成的,而是根据教师和同伴等的多次反馈反复修改的过程。

陈玫认为写作应是"一个群体间进行交际的互动过程,而非写作者个体的单一行为","它是学生与学生之间、教师与学生之间,个体对个体或个体对群体的相互阅读、评估、修改或重写的信息交互行为"。③

3. 最近发展区理论

最近发展区理论是苏联教育家维果斯基在 20 世纪初提出的。他认为儿童在学习以及成长过程中有两种水平,一是现有的水平,二是遇到困难时借助成年人或具有相关知识的同龄人的指导与合作所能达到的水平。最近发展区即二者之间的距离。最新发展区理论认为"同伴对促进个人学习和发展有重要作用","学习者是在社会交往与相互合作中发现、学习、掌握并运用知识的"。④

此外,合作学习理论、建构主义理论等都对同伴互评在教学中的运用和研究提供了坚实的理论支撑和方法指导。

---

① 〔美〕埃里克·马祖尔.同伴教学法 [M].朱敏,陈险峰,译.北京:机械工业出版社,2011:1-10.
② 宋力英.大学外语学习策略 [M].哈尔滨:黑龙江人民出版社,2007:1-10.
③ 陈玫.外语写作——理论·教学·实践 [M].福州:福建人民出版社,2005:20-26.
④ 冯美娜.英语写作中优化的同伴反馈研究 [M].杭州:浙江工商大学出版社,2015:15-18.

三、同伴互评能够提高课程学业成绩

本文研究采用准实验研究法,对同伴互评对学习成效的影响进行实证研究。本文研究以两个平行班作为研究对象,这两个班级在同一学期由同一位老师进行教授。在实验开始之前,笔者主要做了以下工作:第一,考查了实验班和对照班的成绩,由教学团队和两位外聘专家取两个班的平均成绩,成绩基本持平。第二,确定具体反馈方式和方法。第三,制定了反馈细则和评价表。第四,对实验班进行了评价培训。

实验过程中,笔者把漫画创作实践分为故事创作和漫画技法两个大模块,细分每周的任务。每周每位学生随机被分配三份作业进行书面反馈和评分,创作者根据反馈结果继续完善作品,直至完成。

实验结束后,用与前测同样的人员构成和方法获得后测成绩。对两个班级的前、后测成绩用 SPSS 进行了统计分析。研究结果显示,采用同伴互评的班级后测的平均成绩高于没有采用同伴互评的班级。根据研究需要,除了总成绩外,笔者把作品评价分为故事创作和漫画技巧两个部分分别评分,发现同伴互评对于故事创作部分的影响较大,在漫画技巧方面的影响小很多。根据调查问卷和访谈,69% 的学生认为别人对自己的故事创作评价有很大帮助,19% 的学生认为比较有帮助。82% 的学生认为在给他人反馈的同时,自己的反思能力增强,促使自己不断完善作品。在漫画技巧方面,只有 69% 的学生认为对自己非常有帮助或较有帮助。访谈显示,漫画技巧方面的反馈和反馈同学的水平与反馈质量有密切关系。

四、同伴互评影响漫画创作能力的具体表现

通过调查问卷和访谈可知,故事创作阶段影响漫画创作成绩的因素主要有读者意识、学习主动性、反思意识,技法方面排前三位的主要为学习主动性、读者视角、造型能力。

读者意识要求创作者在创作时充分考虑读者的爱好和需求,并以此指导自己的创作。调查发现,在故事创作阶段有 77% 的学生表示进行故事构思和故事概要书写时完全没有考虑读者,12% 的学生表示只是粗略地进行了读者划分。同伴反馈和评价使学生了解了自己的作品"在别人眼中的样子"。

超过 82% 的学生认为学习主动性得到提高，表示"希望自己做得更好，获得认可""尽可能使自己对别人作品的评价更专业""评价别人的作品很有挑战性""希望尽快得到同伴的评价和反馈"。

值得关注的是，学生认为"对他人进行反馈"比"查阅别人对自己的反馈"对漫画创作能力的提高更有帮助。他们认为，在进行反馈的同时也反思自己的作品，而且会以读者或编辑（审稿人）的视角进行作品的评价、反馈，激发了学习的热情，促进了自己创作水平的提高。在评价和被评价的过程中，学生的反思能力和评价能力也得到提升。

五、学生对同伴互评的态度

从学生对同伴互评的总体态度来看，81% 的学生表示"非常赞同""认可"，表明学生对同伴互评的方法是肯定的，认为同伴互评能够"增强学习热情""提高课程成绩""提升漫画创作水平""增强读者意识""增强反思能力""在进行反馈时会强迫自己使用更为专业的术语"。但也有学生表示"占用了较多课外时间""意义不大"等。

通过访谈和问卷等发现，同伴互评与教师评价对学生漫画创作课程的学习都具有积极影响。大部分学生认为，教师评价为一人反馈，而同伴互评具有多重反馈的叠加效应，能"关注到更多的细节""有时能看到不同的评价"，可以增强被反馈者的认知和辨别能力。但是，也有学生认为"教师评价更专业""同伴互评质量不高"等，对教师评价的依赖及对同伴互评的质疑依然存在。

六、对艺术创作教学中同伴互评的建议

由研究可知，同伴互评在漫画创作教学中对学生创作能力的提高具有积极影响，且大部分学生对这一方式是认可的。对同伴互评在艺术创作教学中的具体运用，笔者提出以下建议。

其一，不同的课程模块可以灵活采用不同的评价方式或组合使用多种评价方式。艺术创作类课程可以采用的方法有教师评价、同伴互评、自我评价等，可以根据不同学习模块的特点灵活使用，以取得最佳的学习效果。

其二，对学生进行评价的指导和训练非常必要。系统的同伴互评培训"能

有效提高同伴互评的质量,使学生产出更多的指向修改"[①]。围绕互评的有效性,培训内容主要包括明确同伴互评的价值和原则、同伴互评的具体实施步骤和方法、同伴互评的内容及反馈等。研究发现,经过培训,同伴互评的反馈利用率明显增高。

其三,细化评价标准有助于同伴互评的有效开展。与教师评价比较,部分学生认为同伴互评"肤浅","不能给予专业的阐释和解决方案"。针对这种情况,细化评价标准和细则使学生在评价反馈时有据可依、有所参照,会使这种情况得到有效改善。让学生参与评价标准的开发,让学生学会以更专业的方式思考和说话,更能促进同伴互评的有效开展。

同伴互评虽然是以学生为主体的评价方式,但教师在其中仍然起着重要作用,包括互评方式的合理采用、对学生进行评价培训、和学生一起细化评价标准、保障同伴互评的正确开展等。

七、小结

教学方法不是单一的,必须把各种教学方法进行优化组合。这就需要教师了解教学方法的发展趋势,掌握并能灵活运用不同的教学方法,能够使教学方法有效地作用于学习者。

（原载于《大众文艺》2021年第2期,署名:郑鑫、李刚）

---

① 董哲,高瑛,解冰.二语写作同伴互评研究热点与前沿述评[J].外语学刊,2020(6):61-66.

讨论式学习对大学生能力发展影响的实证研究

马丽珍* 马　君■

　　讨论式教学由美国明尼苏达州托马斯大学布鲁克菲尔德和普瑞斯基尔两位教授率先引入大学课堂，由此开启了从不同视角开展讨论式教学的学术研究。[①] 在促进学生思考和提高领悟力方面，讨论式教学被普遍视为最有效的途径之一，近年来一直是教育教学改革中的研究热点。然而大多数文献关注讨论式教学在课程中的具体运用与实践，得出一些定性的、思辨性的结论。笔者尝试将讨论式教学与小组讨论式学习相结合，采用量化和质性相结合的研究方法，对讨论式学习和大学生能力发展间的关系进行相关性研究。

一、学习理论

　　目前，学习理论主要有行为主义理论、社会认知理论和建构主义理论。[②] 社会认知理论强调多数人的学习发生在社会环境中，学习的效果受到个人、行为和环境相互作用的影响，并提出三元交互作用因果模式。笔者基于社会认

　*　马丽珍，中国海洋大学物理与光电工程学院副教授，主要研究方向为大学物理教研与教学。本文为中国海洋大学教师教学发展基金项目"以能力为导向的研讨式物理教学研究"（2018JXJJ05）的结题成果。

　①　施良方. 教学理论：课堂教学的原理、策略与研究 [M]. 上海：华东师范大学出版社，1999：1-10；张金学，张宝歌. 构建探究讨论式教学提升课堂教学质量 [J]. 中国高等教育，2011（23）：32-34；Goddard R D, Hoy W K. Collective Efficacy Beliefs: Theoretical Development, Empirical Evidence, and Future Directions[J]. Educational Researcher, 2004（33）：3-13；Stephen D, Brookfield S P. 讨论式教学法 [M]. 罗静，译. 北京：中国轻工业出版社，2002：3.

　②　Wood W, Neal D T. A New Look at Habits and the Habit-goal Interface[J]. Psychological Review, 2007（114）：843-863.

知理论在课堂上采用了小组讨论式学习,探讨了个人、行为和环境与能力发展的关系。

二、研究方法

(一)教学环节的设计与创新

本文研究的实验课程为通识类核心课程"口常物理",共 48 学时。"口常物理"课程打破了教师讲课、学生听课、作业、期末考试的传统教学模式,采用了新教学模式。① 预习导读环节(2 小时 / 周)。教师通过"学习引导"提出该节课的教学目的、学习重点、思考问题。学生在此引导下阅读课程材料,查阅相关资料,思考提出的问题。② 课堂教学环节(含实验)(2 小时 / 周)。教师从日常生活中的现象出发提出问题、演示物理现象、引出基本物理原理、启发式地分析现实中的物理问题。③ 课程反思与作业环节(3 ~ 4 小时 / 周)。学生的课后反思日志要清楚描述当日课程学习的内容,并针对课程内容进行反思与自我提问,试着回答所提问题。④ 讨论课程环节(1 小时 / 周)。在上一周课程学习及反思的基础上,小组学生在助教带领下提出自己的疑惑和问题,各抒己见,共同探究问题的答案。这个过程激发了学生的灵感,拓展了思维的广度,使学生学会了阐述自己的观点、倾听和借鉴别人的想法。⑤ 辅导答疑环节(1 小时 / 周)。教师在答疑时间解答学生提出的问题,了解学生的学习状态,师生共同设计讨论话题。同时,实施月考制,加入课程大论文与答辩环节。对学生的考查与考核体现在学习的每个环节中,贯穿于整个学期。

(二)数据收集

评估学习效果的方法包括书面回应、口头回应、他人评价、自我评价。在经过连续三个学期的教学实践后,针对讨论式学习是否对学生能力发展有影响,作者借鉴相关资料和文献[①]设计了调查问卷,调查内容包括学生的自我期许、学习投入、讨论课、同伴、教师、课程等,量表由选择题和问答题组成。选择题采用李克特 7 级量表,问答题采用定性分析方法。共收回有效问卷 117 份。

---

① 何一希,钱冬梅,古海波.学习理论 [M]. 南京:江苏教育出版社,2012:112-115;庞维国.自主学习:学与教的原理和策略 [M]. 上海:华东师范大学出版社,2003:170-176.

为检验调查问卷的有效性,利用 SPSS 23.0 软件进行信度分析[1],克伦巴赫系数为 0.812,表明量表的同质性很高。

三、研究结果

（一）讨论式学习对学生能力发展的影响

78.2% 的学生认为讨论式学习有助于提高思考能力;69.1% 的学生认为讨论式学习有助于提高自学能力;有 63.6% 的学生认为讨论式学习有助于提高表达能力;有 61.8% 的学生认为讨论式学习提高了阅读能力。由数据统计分析可知,讨论式学习对提高学生的思考能力、自学能力、表达能力、阅读能力都有帮助,尤其是对思考能力的提高认可度最高。

（二）讨论式学习对不同层次学生能力发展的影响

本文根据课程最终总成绩把学生分为优秀（>90）、良好（80～90）、中等（70～80）、及格（60～70）和不及格（<60）5 个层次;把讨论式学习对学生能力发展的影响分成 7 个度:完全没有影响、没有影响、说不清、有点影响、有影响、有较大影响、有很大影响。

经分析得出,讨论式学习对优秀学生的思考能力和自学能力的提高有较大影响,但对表达能力和阅读能力影响较小;讨论式学习对一般学生（良好、中等和及格）的思考能力、自学能力、表达能力、阅读能力都有影响;讨论式学习对不及格学生的思考能力和表达能力影响不显著,但对自学能力和阅读能力的提高作用明显。

（三）讨论式学习中三元交互作用因果模式对学生能力发展的影响

根据美国学者齐莫曼的学习心理维度理论[2],三元交互作用因果模式中的个人、行为和环境对学习能力的影响可以从以下三个方面来理解:为什么要学习（个人动机）、怎样进行学习（行为）、与谁学习（环境）。笔者通过调查问卷与访谈统计了相关数据,研究了三因素与学生能力发展的相关性。

---

[1] 钟祖荣. 学习指导的理论与实践 [M]. 北京:教育科学出版社,2001:54, 76, 145.

[2] 简小珠,戴步云. SPSS23.0 统计分析在心理学与教育学中的应用 [M]. 北京:北京师范大学出版社,2017:10-15.

运用皮尔逊相关分析[1] 得到了表 1 所示结果,皮尔逊相关系数(γ)的大小评判标准是:$\gamma \geqslant 0.8$ 为高度相关,$0.5 \leqslant \gamma < 0.8$ 为中度相关,$0.3 \leqslant \gamma < 0.5$ 为低度相关,$\gamma < 0.3$ 为弱相关。由表 1 可见,讨论式学习中个人因素(学习动机、学习兴趣、自我期许等)与思考能力和自学能力中度相关,而与表达能力和阅读能力低度相关;行为因素(查阅资料、预习、认真听讲、做作业、复习等)与思考能力、自学能力和阅读能力中度相关,而与表达能力低度相关;环境因素(同伴讨论、教师)与思考能力、自学能力、表达能力及阅读能力中度相关。

表 1   三因素与学生能力发展相关性

能力	个人因素	行为因素	环境因素
思考能力	$\gamma=0.67$	$\gamma=0.71$	$\gamma=0.73$
自学能力	$\gamma=0.78$	$\gamma=0.79$	$\gamma=0.66$
表达能力	$\gamma=0.41$	$\gamma=0.42$	$\gamma=0.53$
阅读能力	$\gamma=0.49$	$\gamma=0.57$	$\gamma=0.54$

四、研究结论

物理学是自然科学的基础。物理学在帮助学生树立科学的世界观和方法论,培养学生独立获取知识的能力、科学的思维能力、实践能力、创新能力等方面都有着不可替代的作用。教学实践证明,在物理课程教学中,讨论式学习对学生思考能力的培养的确起到了积极作用,这也得到了大多数学生的认可,但讨论式学习对成绩不及格的学生的思考能力的提高效果不明显。研究发现,受到分组模式的影响,每组都有物理基础好、思维活跃的学生,在讨论过程中往往这部分学生起主导作用,而物理基础较差的学生被边缘化。

由表 1 可知,环境因素对思考能力和表达能力的影响大于个人因素和行为因素,而个人因素和行为因素对自学能力的影响强于环境因素。因而,要提高学生的思考能力和表达能力就要创造好的讨论机会和氛围,提高学生的自学能力,更多关注学生的自我要求和投入度。

(原载于《高教学刊》2020 年第 18 期,署名:马丽珍、马君)

---

[1] Zillmennan B J. Construct Validation of a Strategy Model Student Self-regulated Learning[J]. Journal of Educational Psychology,1988,80(3):284-290.

高校通识课程中学生协作学习的影响因素探究

于晓丹* 刘心瑜■

一、问题的提出

协作学习是指学生通过小组合作的方式进行学习,组内成员为了完成共同的学习任务,采用多种沟通形式将其在学习过程中获取的信息和资料与小组成员共享的一种学习策略。[①] 近年来,大学课堂越来越强调学生的主体地位,而协作学习作为一种有效的教学策略,已经在课堂中得到了广泛应用。随着信息化时代的到来,协作学习也在不断适应着新的环境并发生相应改变。尽管许多学者的研究已经充分肯定了协作学习的有效性,但是基于研究者与一线教师过往的教学经验和对学生的初步调查,目前大部分大学课堂中的协作学习存在流于形式、学生参与机会不均等、教师角色定位错误、合作形式固化、评价形式单一等问题。[②]

已有许多学者对影响协作学习的相关因素进行探讨,他们主要从学习者特质、学习内容特征、环境支持等方面进行分析。如徐红彩采用质性研究的方式,以 43 名在校大学生为研究对象,通过访谈分析得出目标、计划、分工、合作、积极性、交流沟通、矛盾冲突、组长、评价、监督 10 个概念范畴会影响合作学习的效果的结论。[③]孙丽娜等从学习满意度角度出发,以教育技术专业三个

---

* 于晓丹,中国海洋大学基础教学中心副教授,主要研究方向为教育神经科学、STEM 学科认知与学习、教育评价等。本文为中国海洋大学教师教学发展基金项目"大学生协作学习的影响机制及提升策略"(2020JXJJ04)的结题成果。

② 曾妮,田晓红.国内课堂合作学习研究文献综述 [J].教学与管理,2014(6):20-24.
③ 徐红彩.大学生合作学习影响因素的质性研究 [J].高教探索,2018(8):44-49.

年级学生为研究对象采取行动研究,指出教学设计是影响协作学习满意度的重要因素。① 彭梓涵等基于社会认知理论和群体动力学理论,对 13 所高校的学生进行问卷调查,构建了基于混合学习模式的小组协作学习影响因素模型,研究表明在"互联网 +"的混合式大学生协作学习中,自我效能感、组织有效性、心理信任与学习支持服务会对协作学习产生正向影响。② 王凝依据加德纳多元智力理论,通过对来自 31 个专业的大一、大二学生的调查研究发现,内部学习动机(如提升自身能力)会比外部学习动机(如教师要求)对协作学习产生更大的影响。③

上述研究已经对协作学习相关影响因素展开探索,并且有向关注混合学习、翻转课堂等方向发展的趋势,但是已有研究大多是从固定的学科或者学生群体出发进行探讨,忽视了其他影响因素。

通识教育是一种具有广泛性、非功利性的关于基本知识、技能和态度的教育,源于古希腊的自由教育或博雅教育。随着数字信息化时代的到来,通识教育已经成为当下中国高等教育中的一大热点。④ 与此同时,通识教育作为一种新型人才培养模式,在经历了通识教育理念的推广与普及、课程体系的建设与完善两个阶段后,现已进入第三个阶段,即课程教学质量提升阶段。⑤ 为了更好地促进学生的知识掌握与课程学习,通识课教师往往会采取协作学习的教学策略。而选修通识课程的学生大多来自不同年级专业,学生间个体差异较大,在进行协作学习时往往会碰撞出不同的火花,令协作学习过程中的优点与矛盾同时被放大。

① 孙丽娜,钟璐,王敏,等. 混合式学习环境下大学生小组协作学习满意度影响因素研究 [J]. 黑龙江高教研究, 2019, 37(2):127-132.
② 彭梓涵,王运武. 基于混合学习模式的小组协作学习行为影响因素研究 [J]. 黑龙江高教研究, 2019(6):141-147.
③ 王凝. 大学生参与小组合作学习效果及影响因素的分析 [J]. 现代教育科学, 2016(4):105-108, 113.
④ 李莹. 协作学习在通识课教学中的应用 [J]. 教育评论, 2014(7):123-125.
⑤ 汪雅霜,汪霞. 高水平大学通识课程教师教学质量评价——基于混合研究方法的实证分析 [J]. 国家教育行政学院学报, 2018(2):68-75.

本文研究采用质性研究方法，通过深入访谈获得一手数据，运用扎根理论，围绕高校通识课程协作学习的影响因素展开探究，分析哪些因素会阻碍协作学习活动的顺利推进，并探讨这些因素最终会对通识课程协作学习成效造成怎样的影响。本文研究通过对相关影响因素进行梳理，构建高校通识课程协作学习影响因素模型，并对今后相关通识教育的课程设计与效果改善提出对策与建议。

二、研究设计

（一）研究方法

扎根理论是由美国社会学家格拉塞和斯特劳斯于 1967 年提出的一种质性研究方法，强调不带目的地针对一个现象进行系统的资料收集，并对原始资料不断进行归纳与提炼，最终构建出新的理论。[①] 由于扎根理论具有科学性、灵活性与严谨性并存等特点，被广泛地应用于教育相关领域研究。[②] 本文研究主要采用扎根理论研究方法，通过访谈获得样本资料，随后经过开放编码、主轴编码与选择编码三级编码，在对资料与样本案例进行反复分析后最终得出相关研究结论。

（二）研究对象

扎根理论需要通过深度访谈获取原始资料进行理论构建，本文研究通过理论抽样的方式，从 H 大学选修 2020 年秋季学期某通识课的学生中选取了 30 名学生作为初始样本进行深度访谈。该课程主要采用教师讲授与学生协作学习相结合的授课模式。受访学生来自不同年级专业，年龄为 18 ～ 22 岁，整体覆盖大一至大四 4 个年级。每位学生至少拥有 3 次及以上协作学习经历，符合开展扎根理论研究的样本要求。样本结构见表 1。

---

① 陈向明 . 扎根理论在中国教育研究中的运用探索 [J]. 北京大学教育评论，2015，13（1）：2-15，188.

② 沈茜，卢立涛 . 扎根理论在我国教育研究中的应用与反思——基于文献和实证研究的分析 [J]. 全球教育展望，2018，47（6）：47-55.

表 1　受访学生基本信息

名称	类别	人数（N=30）	百分比
性别	男	12	40.0%
	女	18	60.0%
年级	大一	3	10.0%
	大二	9	30.0%
	大三	14	46.7%
	大四	4	13.3%
专业	文经类	13	43.3%
	理工类	17	56.7%

三、研究过程

（一）资料收集

本文研究所收集的原始资料主要通过与受访者面对面深度访谈获得。在正式访谈前至少提前一天与每一位受访者联系并告知访谈主题。访谈开始前对相关术语进行说明，在征得受访者同意后以录音的形式将访谈资料保存下来以便后续整理分析。访谈持续时间从 15 分钟到 20 分钟不等，最终收集到30 份有效样本，随机选择其中 25 份样本进行编码分析，预留 5 份样本进行饱和度检测。

访谈提纲围绕"通识课中协作学习影响因素"编制而成，在实施访谈时根据现场情况进行调整。访谈提纲的核心问题包括 4 个：① 请简单描述一下您相关的协作学习经历；② 您在协作学习中遇到了什么困难，收获如何；③ 您认为在通识课中影响协作学习的因素有哪些；④ 您对于通识课中的协作学习有什么意见或建议。

（二）资料编码

在访谈结束后及时整理访谈资料，将访谈录音在不做任何改动的情况下直接转化为文本，导入 Nvivo11 后严格按照扎根理论进行三级编码分析。

一级编码为开放编码。开放编码是指对访谈文本原本的词句和片段进行概念化、抽象化处理。作为扎根理论研究的开端，在进行开放编码时，首先要对所收集的资料进行逐字逐句的分析。本文研究对选定的 30 名学生进行访谈，每位学生访谈时间控制在 15 ～ 20 分钟，共形成了约 9 万字的文稿作为研究基础。基于研究主题对资料中出现的有关影响因素的片段进行编码，并对编码节点进行本土化命名。随后对各节点进行比较与分析，凝练出最具有代表性与关联性的节点编码。通过对访谈资料的进一步综合分析与抽象概括，随机选取的 25 份样本一共提供了 147 个有效节点，最终提炼出 27 个具有代表性的开放编码（表 2）。

表 2　开放编码名称

序号	开放编码名称	序号	开放编码名称	序号	开放编码名称
1	成员的经历与经验	10	成员时间协调	19	课程设置与吸引力
2	成员的专业年级	11	任务准备时间	20	成员间的沟通
3	成员对课程的了解程度	12	教师授课风格	21	成员间的熟悉程度
4	成员性格	13	教师提示缺失	22	成员间的配合度
5	成员对课题的兴趣	14	教师的推动与强调	23	成员间的分歧
6	成员对项目的积极性	15	评价的时限	24	小组成员人数
7	成员对课程任务的重视程度	16	评价机制	25	组长分配任务
8	线上环境	17	课程本身的重要性	26	组长的领导力
9	线下交流	18	课程任务难度	27	组长的性格

二级编码为主轴编码。在一级编码的基础上，梳理开放编码过程中汇总形成的各种关系，对孤立的节点进行整合与类属关联。通过对 27 个开放编码的概括与分析，最终得到了 9 个树状节点，即个人属性、学习投入、环境限制、时间限制、教师角色、课程评价、课程特性、成员沟通、组长推选。

三级编码为选择编码，是建立在开放编码与主轴编码基础上，经过高度筛选概括所得出的更上层的整合。通过对前两次编码数据的进一步分析与整理，最终将通识课中大学生协作学习影响因素从小组内部与小组外部角度出发，归纳为四大主要因素：个人因素、同伴交流、课程构造、客观条件限制（表 3）。

表 3　大学生通识课协作学习影响因素编码

选择编码	主轴编码	开放编码名称	
		节点名称	资料来源数（N=30）
个体因素	个人属性	成员的经历与经验	2
		成员的专业年级	7
		成员对课程的了解程度	5
		成员性格	9
	学习投入	成员对课题的兴趣	6
		成员对项目的积极性	10
		成员对课程任务的重视程度	3
同伴交流	成员沟通	成员间的沟通	5
		成员间的熟悉程度	10
		成员间的配合度	3
		成员间的分歧	2
		小组成员人数	4
	组长推选	组长分配任务	3
		组长的领导力	5
		组长的性格	3
课程构造	教师角色	教师授课风格	2
		教师提示缺失	4
		教师的推动与强调	3
	课程评价	评价的时限	4
		评价机制	4
课程构造	课程特性	课程本身重要性	3
		课程任务难度	3
		课程设置与吸引力	4
客观条件限制	环境限制	线上环境	3
		线下交流	2
	时间限制	成员时间协调	8
		任务准备时间	5

四、影响因素分析与模型构建

（一）学生个体因素

大学课堂的教学主体逐渐向学生倾斜，通识教育也不例外。本文研究的主要场所 H 大学面向本科生所开设的通识课为选修通识课，学生在选课系统中根据课程简介，结合自身兴趣与课程安排进行选择。这导致通识课堂中的学生群体构成复杂，在实施协作学习时会面临比专业课更加多元的挑战。

从学生个体角度出发，学生的专业年级不同这一因素会对通识课中的协作学习产生影响。通识课堂中往往有大一至大四各个年级的学生，年级的不同首先会带来经验的差异。有两位受访学生表示先前的相关经验会对当下通识课的协作学习产生影响："像我们组某位同学，当时我是主讲人，他是另一个主讲人，我个人觉得该同学可能没有相关的经历，讲得不太好，因为年级的差异，会对参与程度产生影响。"高年级学生往往拥有丰富的协作学习经验，在协作学习过程中通常比低年级学生更加游刃有余。但与此同时，先前的协作学习经验也会令部分高年级学生在面对协作学习任务时先入为主，具体表现为过往协作学习经验直接影响通识课协作学习的态度。

此外，专业年级的不同一方面会对成员间的协调沟通带来困难，另一方面也会出现观念上的差异。首先，不同专业年级的学生课业繁忙程度不同，增加了小组成员任务协调与分配的困难。其次，有三名受访学生表示，不同的专业会令他们思考问题的角度与思路有所不同，"我觉得专业有一定影响，像我组里的学姐是管理学院的，她对成果展示或调研很有思路，对该干什么都很了解"。专业不同可能会令成员在协作学习过程中碰撞出不同的火花，也可能进一步加剧组内观点的分歧。

学生的性格、对课程的兴趣与选课学习动机等都会对协作学习的投入度产生影响。性格对协作学习产生的影响会贯穿整个协作过程，内向的学生更倾向于听从安排，较少发表意见。此外，大学要求本科生选修通识课必须达到至少 8 个学分，而通过访谈可得知，选修通识课学生的动机并不相同。大部分学生是兴趣使然，但也有部分学生选择通识课是出于"选课币（本科生选课时系统所提供的选课道具）需求少""期末考试给分高""容易通过考试"等原因。不同学习动机导致学生对于通识课及协作学习的投入度有所不同。95%的受访学生表示在协作学习过程中遇到过"搭便车"现象。其中 58% 的学生对此往往秉持"无所谓""无可奈何"的态度,42%的学生会"心理不平衡""认为他们应该尽到自己的责任"。学生个体间的差异会进一步造成同伴交流困难,令协作学习举步维艰。

(二)同伴交流

及时有效的交流沟通是使协作学习顺利开展的重要原因之一。由于通识课本身的特性以及学生群体的复杂性,比起专业课的协作学习,通识课协作学习必不可少的沟通环节往往面临更多的挑战。

首先是成员沟通。个人因素对于协作学习造成的影响会在成员沟通阶段进一步扩大。人员构成方面,协作学习小组人数以及成员间的熟悉程度会对整体协作产生一定影响。过多或过少的小组人数都不利于协作学习任务的顺利完成。由访谈可知,大部分学生认为小组人数控制在 4 ~ 5 人为宜。小组成员间熟悉程度越高、关系越融洽,越有利于成员间的配合与沟通。此外,成员间沟通不及时、成员配合度差、缺乏讨论是造成无效同伴交流的重要原因。由于通识课学生构成复杂、学习动机多样、学习投入度差异较大等,他们在结成协作学习小组之后矛盾被进一步放大,从而影响同伴交流,进而影响协作学习成效。同样,成员间顺畅的沟通与交流也可以极大地促进协作学习。

其次是组长推选。作为通识课协作学习的带头人与负责人,组长在协作学习小组中占据重要的地位。访谈数据显示,有 11 名学生认为推选一名合适的组长是十分必要的。组长的年级专业与性格一定程度上与对小组整体的把控力有关。高年级学生具有丰富的带队经验,而勇于担任组长的低年级学生则具有更大的带队热情。组长的领导力可以进一步影响组内任务分工,增强成员间的配合度。在组长的统筹下,成员积极性被进一步调动,从而更好地完成协作学习任务,达成目标。

(三)课程自身因素

通识课的自身因素是提升通识课教学质量的核心所在,同时也是影响通识课协作学习开展的关键因素之一。

(1)课程自身特性。鉴于通识课的选修属性,同专业课相比,许多大学生并未对其给予充分重视。这进一步导致学生在做通识课协作学习作业时,无法投入与专业课同等的精力,而将主要精力放在了其他学分更高、与成绩关联性更强的课业中,从而造成通识课协作学习成效不高。

（2）是课程自身的吸引力。若通识课程内容过于晦涩枯燥、难度过低,就会导致学生对该通识课兴趣降低,进而无法投入协作学习中。此外,有三名受访学生表示课程任务难度也会对协作学习产生影响。难度偏大的协作学习任务会导致成员分工困难、产生畏难心理,进一步激发组内矛盾。

（3）通识课的评价方式也会影响协作学习的整体效果。课程评价对通识课协作学习的影响主要体现在两方面。第一是评价时限。通识课教师对于协作学习的评价,往往仅发生在协作学习成果展示之后,该评价并不能覆盖整个学期。第二是评价机制。有四名受访学生认为通识课中针对协作学习的评价机制过于单一,在协作学习分工时大家工作量基本相同,获得的评价也大致趋同,令部分小组成员产生"无论做多做少成绩都差不多"的想法,从而抑制了参与协作学习的积极性。

（4）教师在通识课中所扮演的角色也会影响协作学习的成效。首先是教师的授课风格。通识课教师所面对的学生来自不同专业,如何令每个学生充分理解课程内容是每个通识课程教师面临的挑战。从学生的角度来说,平易近人、幽默风趣的授课风格可以迅速拉近教师与学生之间的距离,增强学习课程的兴趣与对协作学习小组的归属感。其次是教师提示缺失。通识课程与学生平日所接触的专业课程在内容与形式上有所不同,在小组协作学习过程中,如果教师未及时对其中的关键知识进行点拨,就容易造成协作学习不符合学科规范的后果,令协作学习偏离既定目标。此外,教师的推动与强调对小组协作具有重要影响。有三名受访学生表示,如果通识课教师能够在协作学习实施过程中适当施加压力、强调成员参与的重要性,也许会取得比教师只负责布置任务而对协作过程不闻不问更好的效果。

（四）客观条件限制

首先是环境限制。学校的通识课大多为线下课程,部分通识课采取混合式学习方式。协作学习小组成员自行选择交流形式,大多数小组会选择线上交流,但线上交流会导致一些问题产生,比如成员不回复消息耽误整体进展。而线下的交流环境有时会令部分"社恐"同学望而却步,造成无人发言的尴尬局面。访谈结果表明,环境对于通识课协作学习的限制主要体现在小组成员的交流环境上,对于课堂环境以及校园环境等未有提及。

其次是时间限制。时间对于通识课协作学习的限制主要体现在两方面。第一是任务本身的时间限制,这与课题的难度有关,有五位受访学生表示在协作学习中如果面临任务难、准备时间短的情况会产生很大压力。第二是成员间的时间分配与协调。有八位受访学生表示在协作学习过程中产生过成员时间冲突的现象。由于专业与年级不同等,成员间的时间协调异常困难,而这容易导致协作学习任务的赶工与拼凑,最终影响通识课协作学习的成效。

(五)影响因素模型构建

在编码结束之后,笔者对剩余 5 位学生的访谈资料进行编码分析以验证饱和度。由编码分析可知,剩余 5 份访谈材料中并未出现新的概念或内容,达到了质性研究"理论饱和"的状态。至此,可以基本确定高校通识课中协作学习相关影响因素并构建理论模型。

基于以上对通识课协作学习影响因素分析可知,学生个体因素与同伴交流两个影响因素主要来自小组内部,而课程自身因素与客观条件限制主要来自小组外部。学生个体因素会对同伴交流产生作用,成员个体特性会进一步影响同伴交流沟通。同伴交流会同时受到学生个体因素、课程自身因素、客观条件限制的影响。课程自身因素会对同伴交流产生影响。而时间与环境等客观条件限制同时会对个体因素、同伴交流与课程自身因素造成影响。据此,本文提出高校通识课协作学习影响因素模型(图 1)。

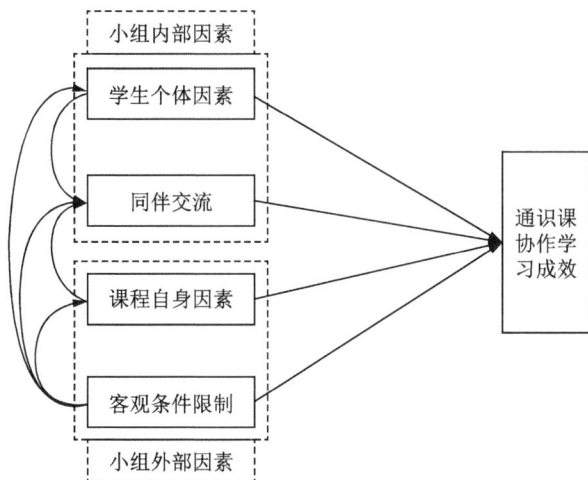

图 1　高校通识课协作学习影响因素模型

五、思考与建议

本文基于真实的通识课堂，依据扎根理论，通过深度访谈收集研究资料，探索高校通识课中协作学习影响因素，揭示当前高校通识课协作学习中存在的问题以及影响协作学习效果的因素。研究发现，小组内部与外部四大影响因素，即学生个人因素、同伴交流、课程自身因素、客观条件限制可能对协作学习造成影响。基于研究结果，为优化高校通识课建设、提升协作学习质量，笔者从学生个体、同伴合作、课程设置与客观条件、奖惩评价四个方面提出针对性建议。

（一）尊重学生个人兴趣，促进同伴分组协作

已有研究证明，按不同原则分组会对学生学习成效产生不同影响。依据"组内异质、组间同质"原则划分小组，可以最大化实现优势互补，整体提高学习效果。[①] 由于通识课学生群体具有复杂性与特殊性，如何更好地划分协作小组成为决定通识课协作学习效果的要素之一。据观察，在部分公共必修课中，由于学生基数过大，在进行协作小组划分时，教师往往忽视学生诉求，依据名单或系统随机分组，这可能进一步加剧协作学习小组的内部矛盾，造成成员间的割裂，最终令协作学习流于形式。虽然通识课所面对的学生群体差异较大，但学生也具有一定的相似性，即大多数学生是出于个人兴趣与学习需求选择课程，因此，通识课教师要更加关注学生的同一性与核心诉求，更加合理地进行协作学习任务安排与小组划分。

在访谈过程中，有多名受访者反复强调希望教师尊重学生个人兴趣，让学生自行组建协作小组。同时他们表示，课程设计中应该充分发挥协作学习小组的作用，加强组内成员的沟通与交流，增强组内成员的凝聚力与向心力，令协作学习真正成为通识课的助力工具而非任务累赘。

（二）加强课程内容建设，打破客观条件限制

2020 年 6 月，教育部印发《高等学校课程思政建设指导纲要》，提出科学

---

① 何喜军，朱相宇. 高校学生评教数据深度挖掘的实证研究 [J]. 黑龙江高教研究，2019，37（10）：85-88.

合理拓展"课程的广度、深度和温度",这对于通识课同样具有指导意义。① 打铁必须自身硬,现如今,以慕课为代表的教育资源为当代大学生提供了更为广阔的视野与更加挑剔的课程选择标准。在便捷与高效的网络教育潮流里,兴趣导向成为大学生选择通识课的首要原因。然而,总体来说,高校通识课建设并不尽如人意,即使在一流高校也只有32%的学生对通识课教学表示满意。② 这就要求高校及通识课教师加入课程建设力度,提升通识课教学水平,拓宽通识课视角与广度,强调通识课本身的科学性与跨学科性,避免照本宣科、新瓶装旧酒等现象出现。

同时,通识课教师在设置协作学习任务时应避免任务单一同调化。通过观察可以发现,目前通识课中的协作学习大多以小组展示的方式进行,展示成果多为小组成员将任务简单割裂分配后拼凑而成,此类协作学习大多演变成单纯的任务汇报而组内少有实际协作配合行为发生,学生各方面综合能力的提升更是无从说起。因此,通识课教师在设置协作学习任务时,可以提供多种思路与参考范例,鼓励学生集思广益,真正参与到协作学习中来,而并非仅仅为了应付课业任务。

此外,通识课教师还要认识到实际客观条件对于学生开展协作学习的限制与阻碍,及时了解学生的诉求与情况,合理安排课程进度与任务内容,尽可能地减少协作学习中来自客观条件的不良影响。例如,教师应充分考虑协作学习任务完成所需时间与学生实际情况是否存在矛盾、协作任务是否有特殊的环境要求等,从多方面入手,由内而外地打造高质量的通识课。

(三)合理设定评价标准,增强相应奖惩措施

由于通识课协作学习具有特殊性,教师无法长时间对所有参与协作的学生保持关注。通识课中学生协作学习部分所占成绩往往取决于最终的成果展示而非完整的小组协作过程,而这容易造成小组展示后教师只能针对整体成果进行评价而无法确切掌握每位成员具体情况的现象。如何依据课程任务完

---

① 王维,董永权,杨淼.合作学习对学生学习效果的影响——基于48项实验或准实验研究的元分析[J].上海教育科研,2020(7):34-40+59.
② 吕林海,汪霞.我国研究型大学通识课程实施的学生满意度调研[J].江苏高教,2012(3):66-69.

善评价体系,保证客观公正地为每位小组成员打分,是通识课教师不得不考虑的问题。

通识课中学生所组建的协作学习小组通常会持续整个学期,临近学期末时,部分学生会由于课业压力而将重心转移到专业课程学习上。这会导致该学期整体协作学习效果不平衡：课程前半段,绝大多数学生精力充沛,思维活跃,能够取得相对较好的协作学习成果,而到了课程后半段协作学习成效会出现断崖式下跌,甚至会有组长挑大梁完成协作任务的现象发生。为了杜绝此类不良行为,教师不仅要完善包括教师评价、同学互评与同学自评在内的评价机制,还要加强平时奖惩,及时采取相应措施,充分把握课程进度,避免协作学习节奏失衡,从而促进学生在通识课中更好地协作学习,令每一位参与通识课协作学习的学生都能学有所得、学有所成。

（原载于《第七届全国教育实证研究论坛论文摘要集》,署名：于晓丹、刘心瑜）

情绪体验与互动模式
对合作学习情感投入的作用机理

张　凯* 李　玉　陈凯泉▓

一、引言

　　情绪体验是一种主观心理与生理状态,它不仅是个人应对外界刺激的内部活动,更是一种社会建构的沟通行为,可以调节学习者的互动目标、思维和行为。[①] 合作学习环境中,不同群体结构的学习者存在丰富的学习体验,进而产生复杂的情绪状态,影响学习者的合作学习情感投入。[②] 作为学习投入的重要维度之一,合作学习情感投入指学习者完成合作任务时解决难题的积极情绪体验[③],是帮助学习者投入英语课堂、促进二语习得的有效途径。已有研究主要关注个体情绪体验对其学习投入的影响,对群体情绪体验关注较少,本文将深入挖掘英语合作学习中群体情绪体验与互动模式对学习者情感投入的影响。

　＊　张凯,中国海洋大学外国语学院副教授,主要研究方向为二语习得和教学法。本文为中国海洋大学教师教学发展基金项目"任务内容设计对大学生英语任务投入的影响"(2020JXJJ10)的结题成果。

① Imai Y. Emotions in SLA: New Insights from Collaborative Learning for an EFL Classroom [J]. The Modern Language Journal, 2010(2):278-292.

② Garcia L, Rogat T K, Koskey K. Affect and Engagement during Small Group Instruction[J]. Contemporary Educational Psychology, 2011(1): 13-24.

③ Skinner E A, Kindermann T A, Furrer C. A Motivational Perspective on Engagement and Disaffection: Conceptualization and Assessment of Children's Behavioral and Emotional Participation in Academic Activities in the Classroom[J]. Educational and Psychological Measurement, 2009(3):493-525;张凯,杨嘉琪,陈凯泉. 学习者情感因素对英语合作学习投入的作用机理 [J]. 现代外语, 2021(3):407-419.

二、研究背景

近年来,合作学习受到学界的广泛关注。研究者发现同伴熟悉度[①]和任务类型[②]等因素对合作学习投入产生影响,但作为建构合作学习环境的重要机制,同伴互动模式对合作学习投入的影响在学界却未受到足够重视。群体动力学认为,和谐的群体环境和合理的群体结构可以增强群体凝聚力,提高学习者的学习投入和学习效果。[③]不同群体结构会塑造多样的互动模式,基于施托希的研究[④],徐锦芬、寇金南发现中国大学英语课堂小组互动存在四种主要模式,即合作型、轮流型、主导被动型与专家新手型[⑤]。学习者的认知投入和行为投入很大程度上受到情感投入的影响,已有研究发现合作型有更好的认知投入效果[⑥],但对学习者在学习过程中的情感投入特别是情绪体验的影响却鲜少涉及。

情绪体验是影响学习者学习成就的重要因素,研究者将其视作衡量情感投入(行为)的效果指标。当前情绪研究多聚焦于个体学习者的情绪体验,如动机、焦虑对其二语学习效果的影响或预测作用。[⑦]目前已识别到的学习者情绪类型包括不满、悲伤、愉悦、兴趣等[⑧],随着积极心理学在二语习得领域的发

---

① 范玉梅,徐锦芬. 同伴熟悉度对同伴互动中学习者投入的影响研究 [J]. 外语与外语教学, 2021(2):82-91.

② 范玉梅. 任务类型对同伴互动中学习者投入的影响研究 [J]. 解放军外国语学院学报,2019 (6):29-37.

③ Lewin K. A Dynamic Theory of Personality-Selected Papers[M]. New York:McGraw-Hill, 1935:1-10; Johnson D W, Johnson F P. Joining Together: Group Theory and Group Skills[M]. London:Pearson, 2013:10-15.

④ Storch N. Patterns of Interaction in ESL pair work[J]. Language Learning, 2002(1):119-158.

⑤ 徐锦芬,寇金南. 大学英语课堂小组互动模式研究 [J]. 外语教学,2017(2):65-69.

⑥ Li M, Zhu W. Good or Bad Collaborative Wiki Writing:Exploring Links Between Group Interactions and Writing Products[J]. Journal of Second Language Writing, 2017(3):38-53.

⑦ You C J, Dörnyei Z. Language Learning Motivation in China:Results of a Large-scale Stratified Survey[J]. Applied Linguistics, 2016(4):495-516.

⑧ Izard C. Forms and Functions of Emotions:Matters of Emotion-cognition Interactions[J]. Emotion Review, 2011(4):371-378.

展,情绪范畴进一步拓展到爱、骄傲、无聊等[①]。国内外学者对情绪的分类日趋系统、多样,且积极情绪研究日益受到二语研究者关注,现有研究主要指向个体情绪类型、情绪体验和其认知投入、行为投入之间的联系,缺乏群体环境对情绪体验及情感投入影响的深入探究。

依据心流理论,良好的群体结构能够增强学习者的凝聚力,使其专注于完成学习任务;相比个体学习者,小组互动更易激发学习者强烈的情绪体验,对其情感投入产生较大影响。[②]语言学习不仅受到认知加工(如注意)的影响,学习者的情绪在学习动机和学习投入中也起到重要的调节作用。[③]目前对于合作学习情感投入的影响因素和作用机制研究仍比较有限,张凯等采用结构方程模型探究焦虑、动机、交际意愿三种情感因子对英语合作学习情感投入的影响,但该研究涉及的情绪类型较少,缺乏对合作学习中情绪复杂性的探究。林内布林克等学者考察小组学习中学生情绪状态与学习投入的关系,发现积极情绪与互动行为呈正相关,但该研究并未系统分析具体情绪类型对学习投入的影响,未能挖掘学习者情绪的动态变化属性。

综上所述,情绪与互动模式都会影响学习投入,二者如何共同作用于英语合作学习情感投入仍有待进一步探索。自我报告和问卷调查是当前最主要的投入测量方法,但这两类数据收集方式容易遗漏重要线索,难以深入、准确地挖掘学习者情感投入的动态复杂变化。因此,本文拟从群体动力学的群体

① 李成陈. 积极心理学视角下的二语习得研究:回顾与展望(2012—2021)[J]. 外语教学, 2021(4):57-63;李成陈,韩晔. 外语愉悦、焦虑及无聊情绪对网课学习成效的预测作用[J]. 现代外语,2022(2):207-219.

② Hiver P, Al-Hoorie A H, Mercer S. Student Engagement in the Language Classroom[M]. Bristol: Multilingual Matters, 2021:1-10;Payant C, Zuniga M. Learners' Flow Experience During Peer Revision in a Virtual Writing Course During the Global Pandemic[J]. System, 2022, 105:1-11.

③ Linnenbrink E A. The Role of Affect in Student Learning: A Multidimensional Approach to Considering the Interaction of Affect, Motivation, and Engagement[C] // Schutz P A, Pekrun R. Emotion in Education. Boston: Elsevier, 2007:107-124;Swain M. the Inseparability of Cognition and Emotion in Second Language Learning[J]. Language Teaching, 2013(2):195-207.

环境视角对学生合作学习过程中的讨论文本进行编码，依据积极心理学的拓展－构建理论，运用社会网络分析法可视化呈现情绪的复杂关系和动态互动，考察情绪体验与互动模式对学生情感投入的影响。

三、研究方法

（一）研究问题

本文主要围绕合作学习环境中英语学习者的情绪体验、互动模式及情感投入展开，研究问题如下：① 英语合作学习环境中，学习者呈现哪些情绪体验？② 英语合作学习环境中，不同互动模式的学习者情感投入水平是否存在显著差异？③ 英语合作学习环境中，情绪体验与互动模式如何共同作用于学生的情感投入？

（二）研究对象

研究对象为中国某高校非英语专业 4 个班的 210 名大学生，专业包括大气科学、海洋工程等。其中，男生 96 名，女生 114 名，平均年龄 18.76 岁，均有参与英语互动学习的经历。

（三）研究过程

研究对象自由结成 40 个 4～6 人小组，课后以小组为单位，前一周集中采用线上方式进行互动讨论，共同选题，制作 PPT，课上进行汇报。从发起本次汇报话题到提交 PPT，此过程产生的讨论文本为研究语料。汇报主题主要是针对所学专业知识的科普介绍，对学生而言这类主题表达的难度适中。教师对小组汇报评分，并告知结果记入平日成绩，促进学生积极参与。Oxford Placement Test 单因素方差分析结果显示，所有小组的学习者语言水平不存在显著差异（F=3.02, $p > 0.05$）。

（四）数据分析

首先，研究者对收集到的语料进行规范化处理。① 剔除开展了线下讨论但未录音的语料缺失小组；② 修改线上讨论文本出现的错别字，清理无意义信息，如文件名；③ 将带有情感意义的表情符号转换为对应文字，抓取学习者情感倾向。最终保留有效语料 32 组,共计 95560 字符。

其次,基于徐锦芬、寇金南的互动模式量化标准,对各小组的话轮数、平均话轮长度及互动策略的次数进行编码,从平等性、相互性 2 个维度归纳出 4 种互动模式,即合作型(6 组)、轮流型(8 组)、主导被动型(9 组)和专家新手型(9 组)。4 种互动模式分组量化结果见表 1。

表 1 4 种互动模式分组量化结果

互动模式	组数	平等性			相互性	
		话轮数 / 组	平均话轮长度 / 组	水平	互动策略 / 组	水平
合作型	6 组	35. 69	24. 62	高	10. 14	高
轮流型	8 组	15. 55	19. 67	高	3. 7	低
专家新手型	9 组	23. 88	14. 65	低	9. 45	高
主导被动型	9 组	11. 26	14. 08	低	3. 36	低

Python 编程语言在文本分析方面简单易用,本文应用了 Python 对文本分词,计算学习者每句话的积极情绪值和消极情绪值,将积极情绪与消极情绪的差值视为该句的情感投入。进一步计算得出各互动模式下学习者情感投入的平均值,作为该互动模式学习者的合作学习情感投入值。[①]

最后,借助 Nvivo11 plus 对语料进行质性分析。为保证编码信度,2 名研究者先对随机抽取的 5 组数据进行编码,整合后获得 18 个节点,其代表 18 种情绪类型,通过 Nvivo plus 的“编码比较”功能得出 Cohen Kappa 系数为 0.73;研究者商讨编码差异,达成一致意见,再次对 5 组数据进行编码,Cohen Kappa 系数为 0.89,编码信度较高,最终确定 14 个情绪节点。2 位研究者严格按照编码表各自完成 16 组数据的编码,使用 UCINET 构建合作学习情感投入网络图,将情绪节点数据转化为二进制矩阵,通过网络密度判断情绪的紧密程度,借助节点大小探索各个情绪在整个网络中的重要性,并基于节点间的聚合指向挖掘情绪体验的动态转化。

---

① Colace F, Santo M D, Greco L. SAFE: A Sentiment Analysis Framework for E-Learning[J]. Computer Science, 2014(6):37-41.

四、结果

（一）英语合作学习中的情绪体验类型

编码结果显示，英语合作学习中学习者的情绪体验主要分为积极和消极两大类（表2）。积极情绪为主导，呈现7种类型，占全部情绪类型编码的63.18%。其中，自豪情绪最为普遍，其次为愉悦、热情、自信、宽慰、害羞和喜爱；消极情绪占36.82%，包括焦虑、怀疑、悲伤、不满、尴尬、内疚、压迫7种类型。学习者在合作学习过程中的情绪呈积极倾向，类型清晰、多元、丰富。

表2 合作学习情感投入情绪体验类型表

情绪倾向	情绪类型	编码节点	编码示例
积极情绪（63.18%）	自豪	165	咱们组人才辈出，居然有这么多点子
	愉悦	103	哈哈哈哈哈哈，太应景了吧
	热情	71	集思广益！大家快点！我们要定了
	宽慰	40	没事没事，你们慢慢弄不着急
	自信	7	完成了，我们组肯定没问题
	害羞	4	不要夸我了，我都不好意思了
	喜爱	3	好的，爱你们啊
消极情绪（36.82%）	焦虑	65	完蛋了，我慌了
	怀疑	64	这话题是不是不大好讨论呢，能讨论的是不是太少了呢？
	悲伤	34	多么悲伤的故事
	不满	25	唉！也不是什么精彩话题，当时是因为没的说
	内疚	19	抱歉抱歉，我七点开始就没看qq了，实在不好意思，各位
	尴尬	15	啊，我也理解错了，尴尬
	压迫	7	看到回我，严格监督

（二）不同互动模式下的学习者情感投入

为探究互动模式对英语合作学习情感投入的影响，将各组文本语句情感值输入SPSS，使用单因素方差分析对比4种互动模式下的情感投入（表3）。方差齐性检验p为0.058（＞0.05），据此可有效开展4种互动模式的比较分析。分析结果显示,4种互动模式的情感投入存在显著差异($F=6.010$, $p < 0.05$),其均值都为正值,由高到低依次为合作型、轮流型、专家新手型、主导被动型。这表明合作学习环境下不同互动模式的学习者情感投入均具有积极倾向,且合作型情感投入最高,主导被动型最低。此外,4种互动模式下的小组汇报成绩也存在显著差异($F=3.60$, $p < 0.05$),合作型最高,主导被动型最低,与合作学习情感投入结果一致,进一步验证了互动模式对情感投入的影响。

表 3　不同互动模式情感投入(AE)及汇报成绩比较

互动模式	N	AE-Mean$\pm$SD	F	p	汇报成绩 Mean$\pm$SD	F
合作型	1 927	10. 61$\pm$0. 52	6. 101	$< 0. 001$	81. 86$\pm$9. 96	3. 60
轮流型	1 138	7. 80$\pm$0. 52			79. 70$\pm$9. 46	
专家新手型	2 395	5. 41$\pm$0. 50			77. 66$\pm$6. 76	
主导被动型	841	2. 61$\pm$0. 52			75. 81$\pm$10. 56	

(三)情绪体验与互动模式对英语合作学习情感投入的共同影响

通过对学习者合作学习过程中的情绪节点做二值化矩阵处理,研究者绘制了英语合作学习情感投入网络图(图1)。图1中的节点代表情绪体验,节点大小与节点度中心性大小呈正相关,代表情绪体验在整个情感投入网络中的重要性。综合比较来看,焦虑、不满、悲伤、内疚等消极情绪节点相对较小,分散在网络边缘;愉悦、热情、宽慰、怀疑等与自豪情绪联系紧密,位于网络的次中心位置;自豪情绪节点最大,处于网络的中心位置。积极情绪在网络中占主要地位,情绪间交互频繁,连线错综复杂,可见合作学习情绪体验具有复杂性,积极情绪为主导,情感投入程度较高。

节点间的线段表明情绪类型间的关系。线段箭头的起点为互动发起者的情绪体验,终点是回应者的情绪体验。积极情绪的总出度为198次,总入度为213次;消极情绪的总出度为126次,总入度为104次。积极情绪的发出和转入都明显高于消极情绪,表明合作学习时积极情绪更具活跃性和流动性。自豪与其他情绪的联系频繁而紧密,节点出度82次,入度78次;愉悦和热情是仅次于自豪的发出点和转入点。消极情绪中怀疑(出度38次)和焦虑(出度

33 次）也具有较多的情感发出。可见，英语合作学习情感体验存在多向诱发的特征，同一种情绪体验会引起学习者积极或消极的情绪反馈。

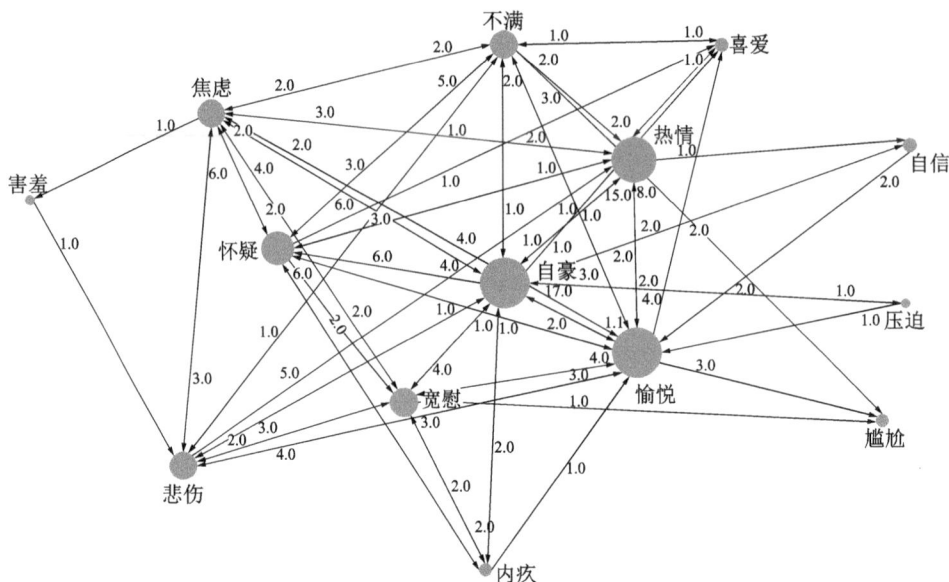

图 1　英语合作学习情感投入网络图

　　不同互动模式学习者合作学习情感投入存在差异，内部交互方式形态各异（图 2）。4 种互动模式情感投入网络中，自豪情绪节点处于中心位置，而消极情绪内疚、不满等处于边缘，这与合作学习整体情感投入的发现基本一致。合作型情绪节点最丰富，有 13 种情绪节点，网络密度（0.56）高于其他 3 种互动模式，内部情绪交互复杂，这说明合作型内部信息沟通顺畅，团体归属感强，合作学习情感投入高于其他互动模式。同时，合作型情绪交互活跃，焦虑（出度 15 次）和怀疑（出度 18 次）转化频次高于其他类型。相比之下，轮流型合作模式下学生很少有自信、害羞与尴尬 3 种情绪体验，网络密度（0.30）低于合作型，情绪交互少于合作型，网络复杂度稍低。合作型与轮流型情感投入网络中，自豪和愉悦处于中心位置，网络整体呈闭合状态，情绪转化形成闭环，学习者的情绪表达普遍会得到其他学习者的情绪反馈。专家新手型（0.27）与主导被动型（0.21）的网络密度依次降低，情绪节点的关联减少，出现了压迫情绪，焦虑成为仅次于自豪的重要节点。

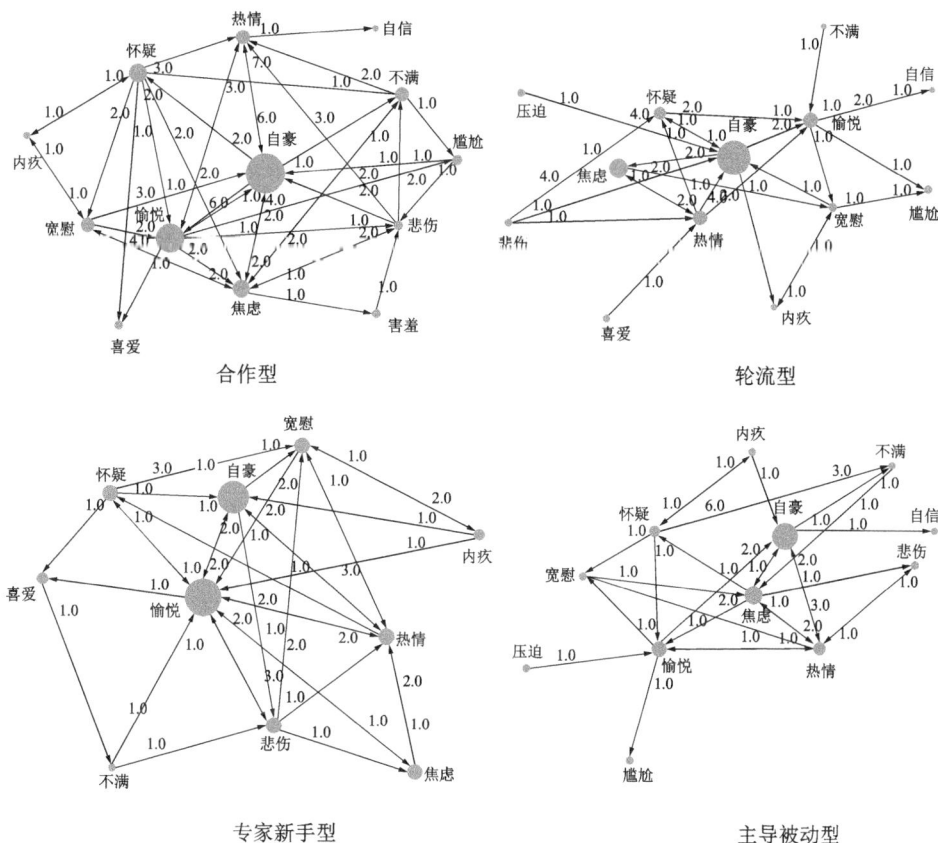

图2 4种互动模式情感投入网络图

五、讨论

（一）英语合作学习的情绪体验类型及特征

1. 情绪类型的多元化与丰富性

英语合作学习过程中，学习者的情绪体验呈多元化，具有丰富性。相较前人识别到的焦虑、不满、悲伤、愉悦等情绪，本文研究发现学习者共呈现出14种情绪体验，大幅度丰富了情绪体验的类型范畴。本文研究挖掘到合作互动时产生的几种特殊情绪，如小组内的"领导者"会对组员以"压迫"的口吻提出要求，"看到回我，严格监督"；学习者会表达"这个话题是不是不太好讨论呢"的疑问，对同伴的观点产生怀疑情绪。这些情绪有助于推动成员进一步讨论，争取达成一致目标，提高了群体凝聚力，实现了有效合作学习。同时，合作学习中较强的交际互动使得部分研究者关注的无聊情绪并未呈现，这验证了 Wosnitza 和 Volet 的观点①，小组互动过程中群体产生分歧或解决问题时，学习者会产生与个体学习不同的情绪体验。

2. 情绪类型的积极倾向与平衡性

积极情绪在合作学习中的高占比（63.18%），表明学生的学习情绪整体呈积极倾向。这一发现与 Linnenbrink Garcia 等的研究结果相似。自豪、愉悦、热情、宽慰等积极情绪处于情感投入网络中心或次中心位置，对提高合作学习投入效果起到了重要作用，进一步证明积极情绪能够拓展学习者的认知、注意和行为②，对提升学习绩效产生显著的正向影响。学习者对同伴的优异表现显现出自豪的情绪，合作学习心情舒畅，容易取得较高的情感投入和学习效果。而怀疑、焦虑、不满、悲伤、内疚等消极情绪处于次中心或边缘位置，表明消极情绪在整个网络中的重要性较低，但其存在有助于维持群体的结构平衡。适当的消极情绪帮助学习者开展反思和改进，学习者可以对其他学习者的想法提出疑问，促使组内成员进行自我批评，保持小组活力，有利于组内思想交锋和创新。

（二）不同互动模式下的学习者情感投入

群体环境的差异会影响学习者的合作学习情感投入。研究发现，合作型情感投入最高，轮流型和专家新手型次之，主导被动型最低，情感投入的高低水平与学生主题汇报成绩的高低水平基本一致，也验证了刘晓红、郭继东的发现③，表明情感投入可以间接正向预测学习者的学习成就。

合作型小组情感投入最高（10.7），其成员拥有较高的平等性和相互性，亲

---

① Wosnitza M, Volet S. Origin, Direction and Impact of Emotions in Social Online Learning[J]. Learning and Instruction, 2005(5): 449-464.

② Fredrickson B L. The Value of Positive Emotions: The Emerging Science of Positive Psychology is Coming to Understand Why It's Good to Feel Good[J]. American Scientist, 2003(4): 330-335.

③ 刘晓红，郭继东. 翻转课堂模式下英语学习投入与成绩的关系 [J]. 杭州电子科技大学学报（社会科学版），2018(5):59-64.

密度和群体凝聚力较强,成员愿意承担更多的群体工作。合作型互动模式有助于学习小组形成积极融洽的群体互动气氛,身处其中的学习者产生更加积极愉悦的情绪。此外,组内没有明确的"领导者",成员对群体目标通过竞争协作达成共识,致力于共同完成小组学习任务。拓展-构建理论认为,学习者在合作学习过程产生的积极情绪拓展了认知范围,推动其取得良好的学习效果。优化的合作学习模式促使学习者产生积极的情绪体验,而情绪体验会进一步影响学习者的学习效果,因而合作型学习者实现了积极情绪—认知拓展—提升学习效果—积极情绪的螺旋式上升。

轮流型情感投入(7.8)低于合作型情感投入。轮流型互动模式下,成员语言水平相当,平等性较高,交互性不强,亲密度较低,专注于完成自己的任务。亲密度较低的组员们受到"面子"与"谦虚"文化影响,不会表达自信、害羞等外显情绪,对他人也很少进行消极评价①,所以组内整体情绪稳定,以积极情绪为主,消极情绪不显著。但低亲密度会导致小组凝聚力不强,成员按既定顺序依次参与互动,对他人的投入缺乏关注,因此没有出现尴尬等消极情绪,合力达成小组目标的决心也会受到影响,导致其整体的情感投入较低。

专家新手型情感投入度为5.4。成员间语言水平接近,但交际意愿有所差异。组中的"专家"交际意愿较高,而"新手"交际意愿较低。"专家"积极引导"新手"参与互动,但同时会给"新手"带来压力和焦虑。通过观察互动过程发现,过于清晰明确的指导反而让成员感到自己的想法未得到认同,产生不满、尴尬等消极情绪。

主导被动型情感投入最低(2.6)。主导者通常在互动中"发号施令",而被动者则基本遵循主导者的指令行事,与徐锦芬、寇金南的访谈发现一致。主导者自我展示欲望过强,自信情绪较高,对其他成员发出命令,使其他成员处于被压抑状态,更易出现焦虑、悲伤、尴尬、不满、内疚等消极情绪,因此该互动模式的消极情绪值高于其他模式。此外,主导者占据话轮,不给别人展示和发表意见的机会,也会给被动者带来消极情绪体验。与专家新手型相比,其给予成员的自主性和选择权更少,所以情感投入更低。由此可见,不同群体环境

---

① 吴庄,文卫平.英语专业本科生的第二语言交际意愿——社会环境、动机指向、性格与情感意识的影响[J].外语教学理论与实践,2009(1):32-35.

对学习者的情感投入产生了重要影响。

（三）情绪体验与互动模式对英语合作学习情感投入的共同影响

1. 多类型情绪互动促进了合作交流与情感投入

首先，合作学习情绪连线盘互交错，具有复杂性，情感投入较高，证明群体环境中，许多相互作用不是简单的单向因果关系，而是复杂的反馈关系。合作学习者往往具有相同立场和目标，组内成员易被同伴的积极情绪感染，进而形成良好的群体互动氛围。和谐的群体氛围唤醒了学习者的多样化情绪，实现了积极与消极情绪的频繁交互，有益于合作任务的推进，增强了合作学习情感投入。其次，群体环境的差异进一步推动了这种反馈关系。合作型模式的情绪体验最具复杂性，情感投入程度也最高，体现了群体动力关系，即群体环境中各种影响力交互作用，由不平衡、不稳定逐步达到平衡和稳定的群体状态。合作型小组情绪节点最丰富，具有其他互动模式缺失的情绪类型，如面对同伴真诚肯定和自豪时，学习者以"不要夸我了，我都不好意思了"的害羞情绪来回应，或对同伴信息理解错误产生"啊，我也理解错了"的尴尬情绪。一位成员的情绪表达会引发其他成员丰富的情绪回应，而丰富又激烈的情绪交互恰恰是学习者积极参与协作、情感投入高的体现。此外，合作型小组情感投入网络密度高，情绪联系更为错综复杂，组内虽以积极情绪为主，但怀疑、焦虑、不满、悲伤等消极情绪的节点数量也较多，原因在于合作型小组竞争与协作共存的群体氛围，使得学习者的积极情绪与消极情绪相互影响、相互依存，形成有机统一的整体，推动了合作交流与情感投入。

2. 情绪体验的动态性推动了情感投入的不断变化

合作学习情绪体验存在多向流动的动态性特征，反映了群体动力学中各种力的交互影响。积极情绪的转化频次明显高于消极情绪，即积极情绪具有更高的动态性和转化动能。自豪、愉悦和热情是使用最多的三种转入情绪，表明互动中回应者不管面对积极情绪或消极情绪，最常用这三种积极情绪来给他人以积极回应。根据积极心理学，积极情绪有助于构建和谐的心理状态，实现群体结构的平衡和稳定。合作学习环境中，学习者互动频繁，情绪的表达和转化随之增加。可以观察到，当学习者对成员表达自豪情绪时，如"咱们组人才辈出啊！竟然有这么多的点子"，同伴也会给予积极回应："必须的，赞！"

学习者得到心理的满足感,积极的情绪互动也会增多。积极心理学认为,积极情绪还可以减轻甚至消除消极情绪的不良影响,学习者乐于使用积极情绪来缓解同伴的消极情绪,促进情绪的动态转化。如焦虑是学生常见的消极情绪,影响其认知资源,但通过同伴的积极反馈,适当的焦虑也会对其学习行为产生正面影响。[①] 同时,群体结构对情绪的动态转化也产生了作用,其中,合作型小组焦虑与怀疑情绪转化频次高于其他模式,成员受学习任务产生的焦虑情绪驱动,会积极寻求帮助,如"完蛋了,我慌了,谁来帮帮我"的情绪表达,往往会得到相应帮助或宽慰,如"别着急,我们还有时间",从而激励学习者更好地完成学习任务。在群体凝聚力作用下,成员为共同的群体目标努力,寻求群体的快速发展和最优学习效果。不仅如此,成员还会流露出怀疑情绪,认为现有的讨论成果有所不足,如"这个话题是不是不太好讨论呢",表明心理韧性较强的成员会主动利用消极情绪做出反馈,积极思考出现的问题,甚至从中寻找价值[②],这恰恰是学习者认真思考、深度参与合作学习的表现,进一步体现了情绪体验与互动模式对英语合作学习情感投入的共同影响。

六、结语

本文通过社会网络分析,发现英语合作学习过程中学习者情绪整体具有积极倾向,呈现丰富性、复杂性和动态性特征。不同互动模式下的情绪体验具有多样性,自豪情绪占核心地位,但在专家新手型和主导被动型小组中,焦虑情绪成为仅次于自豪的情绪节点。不同互动模式下情感投入存在差异,合作型情感投入最高,轮流型和专家新手型次之,主导被动型最低。从合作型、轮流型到专家新手型、主导被动型,情感投入网络的密度和复杂性依次递减,情绪间的转化及出入度相应减少。

根据上述发现,为促进英语教学中的合作学习并提高学习者的情感投入,进而增加认知和行为投入,教师应根据学生的性格特点和语言水平设置分组,

① Papi M. The L2 Motivational Self-system, L2 Anxiety, and Motivated Behavior: A Structural Equation Modeling approach[J]. System, 2010(3):467-479.

② Tugade M M, Fredrickson B L. Resilient Individuals Use Positive Emotions to Bounce Back from Negative Emotional Experiences[J]. Journal of Personality and Social Psychology, 2004 (2):320-333.

及时发现小组互动模式的走向并适当干预；教师还需对学生进行互动策略培训，从而促使学生更好地参与小组合作，提升英语学习效果；此外，教师应从教学内容、教学方式等方面给予学生情感支持，激发学生的积极情绪，如设计互动性较强的教学活动，缓解学生学习过程中的焦虑、不满等消极情绪。对教学内容和互动活动开展精准设计的同时，教师对小组互动模式的管控、对学习者学习情绪的把握与调节能力也尤为重要，教师应适度参与小组互动，教师的点拨、指导会促进小组互动模式的优化转向。

中国大学生社交焦虑障碍干预研究

鞠明晓　蔡新民　土　娟　孙闻泽　丁　宏　于文兵*▉

一、引言

　　大学阶段是大学生人生发展中的重要时期,是其认知、情感和行为迅速走向成熟的重要阶段。其中,人际交往对大学生的学习、生活和就业具有重要影响。然而,人际交往问题现已成为当代高校大学生普遍面临的问题,社交焦虑是目前影响大学生学习和生活最主要的心理问题之一。[①] 赵程、戴斌荣研究发现,大学生中社交焦虑水平达到中度、重度的学生人数比例高达 22.4%。[②] 以笔者所在高校为例,新生入校心理健康筛查中,重度社交焦虑人数连续三年排位前三名。大学生的社交焦虑问题,更应该引起相关领域的学者及高校的高度关注。

　　社交焦虑障碍(Social Anxiety Disorder, SAD),指个体暴露在可能被他人审视的一种或多种社交场合情境下表现出持续的害怕、焦虑或恐惧。[③] 研究证实,在患社交焦虑障碍的大学生中,超过 90% 的学生存在不同程度的社会功

　　* 于文兵,中国海洋大学基础教学中心副教授,主要研究方向为运动心理健康促进。本文为中国海洋大学教师教学发展基金项目"基于团体心理辅导的体育游戏对大学生社交焦虑干预的实验研究"(2020JXJJ11)的结题成果。

① 时蒙,李宁,卢文玉,等. 中国大学生社交焦虑变迁的横断历史研究:1998-2015[J]. 心理研究, 2019, 12(6):540-547.
② 赵程,戴斌荣. 大学生负面评价恐惧和社交焦虑 [J]. 中国健康心理学杂志, 2016, 24(11):1746-1749.
③ Cooper R. Diagnostic and Statistical Manual of Mental Disorders[M]. London:Karnac Books, 2014:1-10.

能受损。[①]社交焦虑障碍对学生的角色、人际关系、社会活动、工作效率及生活质量等方面造成严重影响。

社交焦虑障碍是当代大学生面临的严重心理问题，严重危害大学生的身心健康，是目前高校普遍面临的公共卫生问题。近年来，国内研究者对大学生的社交焦虑障碍进行了大量研究，本文拟对目前国内大学生社交焦虑障碍干预相关研究进行综述，以期为后续研究奠定基础。

二、社交焦虑障碍的病因

（一）生物学因素

神经生化因素和遗传因素是影响社交焦虑障碍发病的主要生物学因素。遗传因素似乎起到了一定的作用，但基因可能会影响患焦虑症或抑郁症的可能性。[②]据研究，患有社交焦虑障碍的人的亲属患社交焦虑障碍的比例要高于没有患社交焦虑障碍的人的亲属，而且这种效应对一般化亚型更强。[③]

（二）心理因素

心理因素具体是指个体内在及认知方面的因素，主要包括性格特点、归因方式、自我评价等。患有社交焦虑障碍的个体通常表现出具有特征性的认知心理行为模式，他们大都性格内向，自尊心较强，缺乏自信，时常假想他人如何看待自己，且情绪不稳，内心惧怕否定性评价的负性想法，强烈关注他人对自己整体的看法和评价，进而导致对社交场合的恐惧和回避行为。[④]郭晓薇研究发现，社交技能欠缺和自我评价低是造成社交焦虑的重要原因。[⑤]大学生的核心自我评价和核心反思评价与社交焦虑呈显著相关，其得分越高，社交焦虑水

① 叶增杰,王桢钰,梁木子,等.社交焦虑障碍诊治的研究进展[J].医学与哲学(B),2018,39（4）:56-59.
② National Collaborating Centre for Mental Health. Social Anxiety Disorder: the Nice Guideline on Recognition, Assessment and Treatment[M]. Royal College of Psychiatrists, 2013:1-10.
③ Stein M B, Chartier M J, et al. A Direct-interview Family Study of Generalized Social Phobia[J]. American Journal of Psychiatry, 1998(1):90-97.
④ 汪隽,樊嘉禄,凌艳.社交恐怖症研究综述[J].中国校医,2008(4):473-475.
⑤ 郭晓薇.大学生社交焦虑成因的研究[J].心理学探新,2000(1):55-58.

平越低。[①]

（三）家庭因素

患有社交焦虑障碍的人，通常会报告早期的压力性社会事件(例如，被欺负、家庭虐待、公共场合尴尬或在公共表演中头脑一片空白)。研究显示，父母在社交场合中的恐惧和回避模式以及过度保护都与这种情况的发展有关。喻冠娟同样认为，消极的家庭教养方式及父母养育的缺失是导致社交焦虑发生的危险因素。[②]

（四）个人因素

在影响个体的诸多因素中，社交焦虑障碍与个人良好的社交技能、面临社交情境时的应对方式、个体的人格特征和自尊与自我效能感等方面关系密切。研究显示，社交技能越高，个体的社交焦虑水平越低。积极的应对方式会让个体在社交情境中减少压力、平衡自身的精神状态。李波等在大学生社交焦虑易感性回归分析中认为人格特征的精神质、神经质及内外向是影响社交焦虑的主要因素，且精神质、外倾特征能够明显降低大学生社交焦虑的易感性。[③]自尊和自我效能感较高的个体社交焦虑水平较低，且研究表明，自我效能感通过自尊进而影响社交焦虑[④]，这表明自我效能感的提高有助于降低社交焦虑水平。

三、社交焦虑的干预

国内外关于大学生社交焦虑障碍的干预大致分为药物干预、心理干预、认知偏向矫正及其他干预等治疗形式。对患有社交焦虑障碍的人群，医师可以根据临床诊断以及患者对治疗方式的偏好，有选择地进行心理治疗及药物干预。

---

① 温焱，杨雅珺，岳彩镇. 大学生社交焦虑与核心自我评价、核心反思评价关系研究 [J]. 保健医学研究与实践，2016，13（2）：14-17.

② 喻冠娟，姜金伟. 国内青少年社交焦虑研究进展 [J]. 信阳师范学院学报(哲学社会科学版)，2015，35（5）：24-28，74.

③ 李波，钟杰，钱铭怡. 大学生社交焦虑易感性的回归分析 [J]. 中国心理卫生杂志，2003（2）：109-112.

④ 闫秀峰，冯淑丹，李艳霞，等. 青少年自我效能、自尊与社交焦虑的关系研究 [J]. 教育测量与评价(理论版)，2012（7）：41-44.

（一）药物干预治疗

药物干预研究主要集中于精神病学治疗领域。已有充足的研究证明，有几种药物有助于提高社交焦虑障碍患者的治疗效果。药物治疗可以帮助患者有效缓解社交恐惧情绪，短时间内降低预期的焦虑，减少公共回避行为、自主神经和生理神经焦虑症状，能够提高功能，进而改善患者生活质量。[①]

陈涤宇等[②]认为目前治疗社交焦虑障碍常用的药物有选择性5-羟色胺再摄取抑制剂、去甲肾上腺素再摄取抑制剂、单胺氧化酶A可逆抑制剂、单胺氧化酶抑制剂、抗惊厥药及其他药物（如β-肾上腺素、丁螺环酮等）。其中，帕罗西汀是美国唯一注册治疗社交焦虑障碍的用药。孙永菊、陆峥等在帕罗西汀对国内青少年社交焦虑证临床治疗研究中一致认为帕罗西汀对治疗社交焦虑障碍疗效较好、安全，值得推广。[③]

（二）心理干预治疗

心理干预的方法有很多种，其中认知行为干预（CBI）在临床上和药物干预一样被视为一线治疗最佳方案，当患者的社交焦虑障碍水平得到有效控制后，则可相应加入心理干预及其他治疗措施。

1. 认知行为干预

认知行为干预是从20世纪70年代发展起来的一种心理干预技术，其核心是通过认知和行为干预手段改变患者不合理的认知、思维进而改变不良情绪和行为。[④]认知行为干预包括各种公认的认知行为疗法（CBT）在内的手动方法。大多数认知行为干预主要包括体内暴露、放松技巧训练、社会和会话技

---

① 李敬阳，葛鲁嘉．社交焦虑障碍流行病学特征与治疗方法的研究现状[J]．中国组织工程研究与临床康复，2007（52）：10644-10647．

② 陈涤宇，吴文源．社交焦虑症治疗方法的研究进展（一）——药物治疗[J]．上海精神医学，2001（2）：98-102．

③ 孙永菊．帕罗西汀结合心理干预治疗青少年社交焦虑症的临床疗效[J]．中国健康心理学杂志，2015，23（11）：1623-1625；陆峥，张明园，蔡军，等．帕罗西汀治疗社交焦虑症的多中心开放性临床验证[J]．中华精神科杂志，2002（2）：54-57．

④ 李甜甜，曹建琴，路文婷，等．青少年社交焦虑障碍心理干预研究进展[J]．中国学校卫生，2016，37（10）：1590-1593．

能培训和认知行为干预重组四部分。我国学者徐礼云在对治疗焦虑症的述评中提到,认知行为疗法在国内被认为是治疗焦虑症的有效方法,并对治疗社交焦虑障碍有着广泛的应用。① 而关于社交焦虑障碍的认知行为疗法,国内目前主要以个体和团体认知两种干预形式进行研究。

（1）个体认知行为干预。

段桂芹通过对五个社交焦虑障碍患者进行为期三个月的个体认知行为干预(ICBI)治疗发现,患者社交焦虑症状明显减轻,在社交情境中感受到很少的焦虑和回避行为。② 田玉兰在认知行为疗法对儿童青少年社交焦虑的干预研究中发现,无论是个体还是团体形式,认知行为疗法在短期或长期内都能有效降低青少年的社交焦虑水平,且干预效果都能得到保持。③

（2）团体认知行为干预。

团体认知行为干预(GCBI)治疗社交焦虑障碍最显著的优势在于给患者提供同质、安全的社交环境,通过团体间的互助建立情感信任,促进每一个个体在社交中对自我重新定义、接纳、学习并锻炼新的社交技巧,经研究该方法尤其适合于大学生社交焦虑障碍的干预。唐继亮等在传统团体认知行为干预的基础上构建新的治疗模式——团体实证认知行为疗法(EGCBT),这是国内首创的团体实证认知行为疗法,丰富了实证模块,进一步增强了治疗模块间的递进关系。④ 王玉杰等在探究团体认知行为干预对社交焦虑障碍大学生自我心理弹性影响的研究中发现,团体认知行为干预有效改善了社交焦虑障碍大学生的心理弹性,减轻了焦虑症状,增强了社交自信与主动性。⑤ 伴随着网络时代的兴起,缑梦克等尝试将认知行为干预与互联网结合起来对社交焦虑障碍大学生进行干预,发现个体认知行为干预不仅能为治疗师节约更多的工作

① 徐礼云.基于认知行为疗法的焦虑症治疗述评 [J].长沙航空职业技术学院学报,2018,18（4）：117-120.

② 段桂芹.个体认知行为疗法治疗社交焦虑障碍的个案研究 [D].北京:首都师范大学,2008:5-7.

③ 田玉兰.认知行为疗法对初中生社交焦虑的干预研究 [D].扬州:扬州大学,2010:53.

④ 唐继亮,余嘉元,宣宾,等.社交焦虑障碍"团体实证认知行为疗法"的构建 [J].中国临床心理学杂志,2018,26（1）：200-204,174.

⑤ 王玉杰,师彦洁.元认知团体干预和系统脱敏对社交焦虑大学生干预效果评价 [J].中国学校卫生,2019,40（2）：242-245.

时间，更能高效率地关注治疗的目标和主题，易在患者中大规模使用，同时也避免了因客观条件而延误最佳干预时机。[1] 经研究发现，其主要特点是利用网络来传递认知行为干预治疗的关键要素，以网页文本为传递形式，同时借助治疗师在线指导。[2] 王忆军等在评价个体认知行为干预疗法对医学生社交焦虑的干预效果中发现，个体认知行为干预能降低社交焦虑水平且效果持久性良好，但一对一的个体认知行为干预效果更为显著。[3]

（三）其他干预治疗

1. 基于体育活动的干预

李梦龙等研究证实，在影响个体身心健康的多种因素中，体育活动的积极效应逐渐得到越来越广泛的关注与认可，且一定程度的体育活动对大学生的社交能力、心理韧性、人际关系和谐、自我效能等积极心理品质均有较好的干预效应，对于提升个体心理健康水平、改善焦虑有重要的促进作用。[4] 施正雄在研究中发现，啦啦操训练能够有效促进女大学新生的心理健康和降低社交焦虑，并证实低社交焦虑在训练中具有调节心理健康的作用。[5] 有研究提出，体育锻炼联合团体心理辅导对干预大学生社交焦虑具有较好的疗效。还有研究讨论了体育活动对留守儿童社交焦虑的影响，发现提高体育锻炼或心理资本可以直接降低留守儿童社交焦虑水平。

2. 基于箱庭疗法的干预

箱庭疗法又称沙盘游戏疗法，是一种心理学与游戏疗法相结合的非语言心理治疗方法。在治疗师的静默陪伴下，让来访者自由选择沙箱、挑选沙具构造内心的沙盘世界，使其和治疗师对话，提高自我治愈能力并达到自性化实

---

① 缑梦克，陈慧菁，钱铭怡．社交焦虑的网络认知行为干预及其在中国文化下的应用（综述）[J]．中国心理卫生杂志，2019，33（9）：672-678.
② 张荣华，季建林．网络认知行为治疗 [J]．国际精神病学杂志，2012，39（4）：251-254.
③ 王忆军，陈雪，陈晓慧，等．医学生社交焦虑网络认知行为干预效果评价 [J]．中国学校卫生，2013，34（2）：139-141.
④ 李梦龙，任玉嘉，杨姣，等．体育活动对农村留守儿童社交焦虑的影响：心理资本的中介作用 [J]．中国临床心理学杂志，2020，28（6）：1297-1300，1296.
⑤ 施正雄．啦啦操训练对女大学新生心理健康和社交焦虑的影响 [J]．武汉体育学院学报，2012（8）：79-82.

现的过程。张雯等研究证明,箱庭疗法有助于改善社交焦虑障碍患者的交流焦虑和回避行为,缓解社交负面情绪,促进积极自我概念提升和人格健康发展。① 在团体沙盘游戏对大学生社交焦虑干预的研究中,冯文惠认为团体沙盘游戏辅导的长远效果显著优于团体认知行为上的干预。② 同样,在箱庭疗法缓解大学生社交焦虑的研究中,齐伊静发现社交焦虑大学生的箱庭作品在一定程度上能够再现作者的心理成长过程,更能清楚地展现其自身的治疗过程。③ 几年来,随着研究不断进展,我国多名学者证实,箱庭疗法对缓解大学生社交焦虑障碍症状具有显著疗效。④

3. 基于音乐疗法的干预

音乐疗法是一种集音乐、医学和心理学相关知识为一体的新兴技术,音乐治疗师利用各种形式的音乐体验,以及在治疗中发展起来的治疗关系帮助患者达到健康的目的。范晓荣等认为音乐疗法能够促进患者与他人之间的交流,表达自我,缓解社交焦虑障碍。⑤ 万瑛以大学生为被试探究音乐疗法对社交焦虑的干预效果,结果显示奥尔夫团体音乐治疗及音乐治疗有助于改善大学生的心理症状和社交焦虑情况。⑥ 王昕等采用元分析对国内外音乐干预研究文献进行量化回顾证实,音乐疗法能显著降低社交焦虑障碍患者的焦虑水平。⑦ 目前,国内用音乐治疗社交焦虑障碍的具体标准仍需进一步完善。

4. 联合干预

王天生等认为,采用单一的体育锻炼方式来促进心理健康,其目标效果不

---

① 张雯,张日昇. 对一名社交恐怖症青少年的箱庭治疗个案研究 [J]. 心理与行为研究,2013,11(6):832-837.

② 冯文惠. 团体沙盘游戏对大学生社交焦虑的干预 [D]. 曲阜:曲阜师范大学,2011:33-34.

③ 齐伊静. 箱庭疗法缓解大学生社交焦虑的效果研究 [D]. 保定:河北大学,2010:51-52.

④ 陈顺森,林凌. 团体箱庭疗法缓解大学新生社交焦虑的效果 [J]. 内蒙古师范大学学报(教育科学版),2011,24(3):81-85.

⑤ 范晓荣,张良超. 音乐治疗改善大学生社交焦虑的效果观察 [J]. 护理研究,2018,32(24):3973-3975.

⑥ 万瑛. 奥尔夫团体音乐治疗对大学生社交焦虑干预的实验报告 [J]. 武汉音乐学院学报,2013(2):156-168,186.

⑦ 王昕,叶丹. 音乐对焦虑症状干预效果的元分析 [J]. 中国音乐,2012(4):201-208.

会很理想。① 为了提高或达到预期的干预治疗效果,研究者往往会综合利用多种干预方法,并基于不同治疗情境或干预形式进行综合对比,以探索最佳的干预方案。起初,国外学者斯波茨曼等在探究认知行为矫正与认知行为疗法对降低青少年社交焦虑的对照研究中,将注意训练、整合解释偏向等多个实验任务进行联合,发现效果显著。② 近年来,国内研究者从多维度、多角度进行联合干预研究取得理想效果,比如,棒垒球和沙盘游戏、体育锻炼及团体心理辅导、团体体育游戏综合疗法矫正、足球课堂教学联合心理辅导等方式均证实了联合干预对降低大学生社交焦虑的显著效果。

四、前景展望

不同国家之间不论是在临床诊断特点上还是在流行病学特征上都具有一定的差异,而这与不同社会文化背景、调查研究方法及人种差异有关。本文检索大量社交焦虑障碍相关文献发现,国外有关社交焦虑障碍的研究较为系统且深入,并对社交焦虑障碍有较为全面的了解,国内有关社交焦虑障碍的相关研究较前期有所增多,但仍缺少大样本的研究支撑,因此亟须加大对国内社交焦虑障碍流行现状的调查研究力度。

目前,国内外学者在不同理论指导下从不同角度对社交焦虑障碍进行干预研究取得不少成果,尤以药物治疗和心理治疗方面成果显著。药物治疗虽效果明显,但易复发、副作用大。相比之下,心理治疗则疗效更为持久,但也有研究报道,认知行为疗法疗效有所差异。为了维持长期治疗效果,建议采用药物治疗兼心理治疗的联合体育干预疗法,但目前关于社交焦虑障碍在药物治疗标准剂量、联合使用、共病、心理治疗与体育干预科学配合层面及重度社交焦虑障碍治疗方面还有待深入研究。

(原载于《心理学进展》2021 年第 9 期,署名:鞠明晓、蔡新民、王娟、孙闻泽、丁宏、于文兵)

---

① 王天生,唐娣芬,闫纯苏,等. 团体体育游戏综合疗法矫治大学生社交焦虑症研究. 中国运动医学杂志,2009,28(2):154-157.

② Sportel B E, Hullu E D, Jong P, et al. Cognitive Bias Modification versus CBT in Reducing Adolescent Social Anxiety: A Randomized Controlled Trial[J]. Plos One, 2013, 8(5):1-11.